HISTORIA DEL RACISMO Y ESCLAVISMO, a mi manera

Saga: Reflexiones sobre la Historia, a mi manera

JOSÉ ANTONIO TORREALDAY LLONA

HISTORIA DEL RACISMO Y ESCLAVISMO, a mi manera

Saga: Reflexiones sobre la Historia, a mi manera

Primera Edición: 2024

Este ensayo está escrito para mis nietos:
Alain, Ainara, Naia, Malen y Ibai

Espero que estas reflexiones les sirvan para diferenciar entre dos tipos de personas: los que se esfuerzan por dejar el mundo al que llegaron un poco mejor de como lo encontraron y quienes, de forma egoísta, solo se preocupan de ellos mismos.

Un abrazo para todos desde allí donde ahora me encuentre

HISTORIA DEL RACISMO Y DE LA ESCLAVITUD, A MI MANERA

HISTORIA DEL RACISMO Y DE LA ESCLAVITUD, A MI MANERA

INTRODUCCIÓN

El esclavismo llegó en aquella época de la historia en la que pueblos más poderosos empezaron a invadir otros pueblos menos poderosos, es decir, tan pronto como se iniciaron las guerras entre diferentes tribus.

¿Cuál fue la respuesta del Homo Sapiens dominante?

La respuesta fue la invención de la esclavitud, la calificación de los seres humanos dominados como inferiores y su utilización como animales de carga, justificando de esta forma el esclavismo y el absoluto abuso de los vencidos.

¿Tiene justificación alguna esta actitud?

Si: es la respuesta de las tres leyes de la naturaleza humana. Si el esclavismo servía para justificar la obtención de más rendimiento con menor coste, era bienvenido para el poderoso; si en vez de ejecutar al enemigo vencido lo convertías en esclavo, el resultado era beneficioso para ambas partes. Durante miles y miles de años la conversión del pueblo dominado en esclavo del pueblo dominante ha sido una práctica habitual y una forma de subyugación aceptada por todos, incluyendo los religiosos cristianos y musulmanes.

Muchos siglos después, en la Edad Media, ya fuera por la influencia de las iglesias cristianas como por cambios económicos y sociales que fueron liberando a los esclavos europeos y convirtiéndolos en siervos, (que muchas veces poco se diferenciaban de los antiguos esclavos por tener sobre ellos derechos de vida y muerte) la esclavitud casi desapareció en Europa Occidental, mientras crecía en los países musulmanes y en otras zonas del mundo.

Pero el descubrimiento y colonización de América, por la debilidad manifestada entre los indígenas americanos con las enfermedades exportadas por los europeos, exigió la necesidad de llevar africanos como esclavos a las plantaciones del nuevo continente. Fueron millones, como más adelante explicaremos.

Y como no se consideraba como aceptable esclavizar a los iguales, pronto se buscó y encontró un subterfugio: la consideración del "diferente" como ser humano de inferior condición, es decir, no plenamente humano, de forma que su conversión en ser inferior daba permiso a los seres superiores, con cultura y medios armamentísticos superiores, a seguir esclavizando.

¿Dónde estaban los diferentes no-humanos?

¿Qué mejor que la diferencia en el color de la piel para considerar como "diferentes e inferiores" y dignos de ser esclavizados a los negros africanos, culturalmente retrasados y perfectamente reconocibles?

Este hecho se desarrolló en épocas muy diferentes en distintas zonas del mundo, pero fue común a todas ellas.

Pero a partir de cierto momento histórico (segunda parte del siglo XVIII), y también por razones económicas, se empezó a considerar por los países occidentales en plena revolución industrial que era más rentable contratar siervos, hombres, mujeres y niños, con salarios miserables y sobre los que ninguna responsabilidad ulterior se asumía por los patronos y empresarios, que mantener en sus haciendas a esclavos que tenían, por razones obvias, menor productividad por su falta de interés en trabajar, porque nada ganaban con ello.

De todas formas, tanto el racismo como el esclavismo se han mantenido hasta el siglo XXI porque siguen sirviendo para poder continuar dominando a los más débiles de nuestro mundo, degradándolos al nivel de animales de carga y abusando de ellos. Ambos sistemas se consideran en los actuales "pueblos culturalmente avanzados" como conceptos "políticamente rechazables", pero incluso en este siglo XXI los grupos populistas, siempre que les conviene para conseguir réditos políticos o económicos, alimentan entre las clases social, cultural y económicamente menos fuertes de la población el rechazo y el odio "al diferente" porque son conscientes de que sigue siendo un sentimiento de gran aceptación entre aquellas personas que, por una u otra razón, se sienten molestas de su propia suerte.

El ejemplo más cercano lo tenemos en EEUU y Trump, animando a los WASP (White, Anglosaxon and Protestant) (blanco, anglosajón y protestante), quienes de manera histórica han detentado el poder político, social y económico en este país, a rechazar a otras etnias, como afroamericanos, asiáticos e hispanos.

Como nos lo expone el historiador y ensayista norteamericano Marcus Rediker: "La historia es colectiva y muy amplia y necesita una revisión con nuevos estándares sobre la esclavitud y la participación de la mujer. La sociedad debe comprender la importancia de la esclavitud. En mis estudios veo conexión directa entre la violencia deliberada usada en el sistema esclavista y la violencia actual. Debemos comenzar con un reconocimiento honesto de lo que sucedió.

Hay que reparar los daños de la trata de esclavos, eliminar los prejuicios, la pobreza, la desigualdad y las muertes prematuras. Las reparaciones no son solo cuestión de dinero, sino de educación, de justicia social y de una vida mejor para todos. Si no afrontamos el daño de nuestra historia violenta, persistirá una injusticia masiva".

10

La esclavitud y el racismo dependían y aún en la actualidad en muchos casos siguen dependiendo del color de la piel y del nacimiento. La esclavitud fue muy útil para el desarrollo de muchas economías occidentales y orientales de todas las culturas y civilizaciones y España fue el último país europeo en abolirla. El término esclavitud recalca la idea de propiedad y control total sobre la vida, libertad y fortuna de una persona por parte de un propietario o amo.

Son fechas a tener en cuenta:
- 23 de agosto: Día Internacional del Recuerdo de la Trata de Esclavos y de su abolición.
- 2 de diciembre: Día internacional para la Abolición de la Esclavitud
- Año 1926: Convención sobre la Esclavitud para prohibirla
- 21 de marzo: Día Internacional de la Abolición de la Discriminación Racial

Y recordemos de vez en cuando que la sociedad actual no es fruto de la suma de voluntades y esfuerzos realizados por la especie humana a lo largo de su historia, sino que la sociedad actual es fruto de la suma de voluntades y esfuerzos de unos pocos "personajes singulares" que han sido capaces de conocer mejor que todos los demás las leyes de la naturaleza humana y han sabido hacer un uso egoísta de las mismas.

¿Podemos hablar de una historia de la humanidad o de una historia de esos "personajes singulares", que han sido "los pastores del rebaño humano", los guías dominadores que han conducido a la humanidad por el camino de la servidumbre y la esclavitud en función de sus únicos intereses de ambición y dominio?

La Historia de la Humanidad es sinónimo de la Historia de la Humillación y el Despojo de los bienes y de las vidas de la mayoría por una minoría culta y astuta y siempre fiel a las Tres Leyes de la Naturaleza Humana.

La sociedad actual no es el resultado de la historia de la humanidad sino el resultado de la historia de esos pocos, muy pocos Homo Sapiens que han sido capaces de controlar, dirigir, subordinar y someter a sus propios intereses, siempre relacionados con el poder y el dinero, al noventa y nueve por cien de los restantes mal llamados Homo Sapiens. Este grupo ínfimo de personas humanas, siempre hombres, salvo excepciones singulares, han sido los únicos que en todas las épocas de la historia han conocido al ser humano, han conocido las leyes de la naturaleza humana y han conocido y utilizado en su único beneficio las capacidades y tendencias del Homo Sapiens.

Este grupo ha sabido utilizar tanto los conocimientos progresivos generados y aumentados a lo largo de la historia como los de aquellas personas creativas e innovadoras de su época, que casi siempre se han puesto a su servicio para ampliar su poder y sus tesoros, mientras mantenían al pueblo, al rebaño, a la humanidad en la mayor ignorancia, dominada y esclavizada.

No existe Historia de la humanidad, sino historia de una humanidad dominada y humillada por unos pocos, poquísimos seres singulares que han sido capaces de buscar los mejores pastos, guiar al rebaño humano, engordarlo y conducirlo siempre a los mataderos de guerras y rebeliones.

Como nos lo explica Juan Eslava Galán en su obra "Historia del mundo para escépticos": "La Historia de la Humanidad es la historia de la explotación del hombre, donde las clases privilegiadas o dirigentes explotan a las sometidas o dirigidas, sea cual sea el régimen político. Así sucede que la clase dirigente defiende a la clase productora con una muralla que rodea la ciudad, pero se defiende ella misma de la productora encastillándose en una alcazaba".

¿No ha sido siempre el pueblo quien ha terminado pagando las consecuencias de las aspiraciones de los poderosos?

¿No ha sido siempre el pueblo llano, el rebaño dócil, sujeto a dos tendencias fundamentales, el gregarismo y la cesión de la libertad a cambio de la seguridad prometida por el poderoso de turno, el que más ha sufrido y sigue sufriendo por las ambiciones de unos pocos?

¿Cómo denominar al racismo sino como una forma de justificación de la esclavización de otros seres humanos con el único fin de obtener más poder y dinero?

Los poderosos han sabido siempre dividir al pueblo, clasificarlo por categorías, crear animadversiones y odios contra otros pueblos y contra los diferentes, aunque solo lo fueran por su religión, idioma o color de su piel, para así facilitar su participación en las guerras y enfrentamientos con "el supuesto enemigo".

Los conceptos de "patria", "raza", "idioma", "cultura", "religión", "clase", "nacionalidad", y similares siempre han sido alimentados por el poderoso en el pueblo ignorante para conseguir influir en unas mentes sin espíritu crítico, dividirlas para debilitarlas, clasificarlas en categorías y justificar acciones contra "el otro" y "el diferente".

Desde hace demasiado tiempo se nos ha repetido tantas veces el mantra de las diferencias reales o imaginadas entre "ellos y nosotros", que han conseguido convencernos de que realmente somos razas o pueblos diferentes, cuando la realidad es que todos procedemos de una única abuela, y todos debemos cambiar para aceptarnos como iguales en todos los ámbitos de la vida. La división sigue favoreciendo a los poderosos, nunca al pueblo. Continuar negando la existencia del racismo y el esclavismo y oponerse a afrontarlos sólo nos conducirá a un mundo menos dinámico, menos unido y próspero.

Los problemas del racismo y del esclavismo deben abordarse por todos los países porque es una deuda con nuestros propios ciudadanos, porque ello ayudará a conocernos mejor y así aprenderemos a respetar los derechos humanos y la equidad étnica, lo que no debe ser una declaración pasiva de valores, sino un llamamiento a la acción, respaldado por medidas efectivas para reconocer, entender, cuantificar y erradicar el racismo sistémico.

El respeto a la identidad y dignidad de cada persona y de cada pueblo es un derecho fundamental, pero no debemos permitir que el concepto de tribu sirva para separar a unos Homo Sapiens de otros, sino para enriquecernos mutuamente.

"IGUALES EN LO DIFERENTE: SOMOS UNO"

Cada persona humana es diferente a todas las demás, pero todos somos personas humanas iguales.

HISTORIA DEL RACISMO Y DEL ESCLAVISMO , A MI MANERA

I.- LAS TRES LEYES DE LA NATURALEZA HUMANA

Todos los seres humanos seguimos llamándonos "Homo Sapiens", aunque el 99,99% de todos nosotros se dejó el apellido "sapiens" en el camino de la vida y se dejó dominar, clasificar, esclavizar o convertirse en siervo por el 0,01% restante en su exclusivo beneficio a lo largo de toda la historia.

Nos creemos inteligentes y no sabemos utilizar nuestras capacidades, porque ni nos conocemos a nosotros mismos.

Hemos de empezar por reflexionar sobre nosotros mismos, sobre las leyes a las que siempre los "Homo Sapiens" hemos estado sujetos.

Según mi criterio, todos los seres humanos estamos sujetos a unas Leyes de la Naturaleza Humana, que vienen a explicar, que no justificar, la historia de la humanidad e incluso la situación actual de nuestra especie, y que se reducen a tres:

Primera: La Ley de la Supervivencia, ley común a todas las especies vegetales y animales de la tierra, ya que aquellas que no se gestionaron por dicha ley, hace mucho tiempo que desaparecieron.

La Ley de la Supervivencia obliga a todos los seres vivos a adaptarse permanentemente para seguir formando parte del planeta tierra y el precio altísimo que hemos de pagar por ello todos, animales y plantas, es el EGOÍSMO innato a todas las especies. El ser humano ha sobrevivido gracias al egoísmo, que ha priorizado el "YO" sobre cualquier otro concepto en todos los momentos de su vida.

A partir del egoísmo del "YO", el ser humano ha creado la siguiente escala de egoísmos:

Primero: "Yo". Y para conjugar el "YO" nadie más hace falta.

Segundo: "Mi familia", que requiere al menos otra persona de distinto género con capacidad de reproducción.

Tercero: "Mi clan", para defenderme de otros clanes y de cualquier otro peligro

Cuarto: "Mi tribu", que supone apoyo mutuo y convivencia para conseguir objetivos de ataque y/o defensa. El ser humano, como animal socializado, se apoya en otros seres humanos. Aparecen los líderes.

Pero los seres humanos nunca hemos sido capaces de convertir la suma de egoísmos en altruismo. En la Historia del Homo Sapiens podemos comprobar que "la tolerancia con el otro", el entendimiento con el otro nunca ha sido una característica propia, salvo que, temporalmente, ello acarreara beneficios o evitara perjuicios. Es la primera gran lección que hemos de tener siempre muy presente a la hora de mirarnos al espejo.

Segunda: La Ley de la fuerza, también común a todas las especies vivas de la naturaleza que, para sobrevivir, han aprendido a usar y abusar de la fuerza en sus diversas formas.

La fuerza se relaciona casi siempre con el tamaño, pero también hay que entenderla como habilidad o astucia de los seres vivos para adaptarse al propio terreno en el que están, para aprender a luchar en grupo y para saber utilizar las tendencias, capacidades e inteligencias ajenas en su propio beneficio.

Esta segunda ley ha sido aplicada por el Homo Sapiens, ya sea de forma individual o colectiva, desde los primeros tiempos de su existencia, al principio para cazar o evitar ser cazado y posteriormente para imponer la voluntad de unos pocos Homo Sapiens al mayor número posible de seres de su misma especie.

La historia de la humanidad es un vivo reflejo de esta ley:
- El más fuerte domina a los demás
- El hombre domina a la mujer
- El más fuerte hace las leyes para su propio provecho
- El débil (el 99 por 100) acepta las normas de juego, porque se ha acostumbrado al gregarismo, se ha acostumbrado a ceder su libertad y sus derechos y a aceptar su minoría de edad permanente a cambio de una seguridad y protección ofrecidas por el poderoso de turno y que siempre se han transformado en dominio y abuso.

Hoy día, en el siglo XXI, las normas de juego de la Ley de la Fuerza no han cambiado en el fondo y son los más fuertes quienes siguen imponiéndose a todos los demás, pero si en las formas, ya que la fuerza se manifiesta con mucha mayor complejidad por ser la propia sociedad cada vez más compleja.

Esta situación solamente desde hace muy poco tiempo está cambiando de manera perceptible, es decir, desde mediados del siglo XIX hasta nuestros días, mediante la modificación de los antiguos roles masculino y femenino en las sociedades occidentales y orientales, aunque todavía mucho menos en las musulmanas. La mujer es la nueva protagonista del cambio en la especie humana, aunque aún habrá muchos hombres que se resistirán y no se lo pondrán fácil, ya que a ningún Homo Sapiens le gusta perder privilegios mantenidos durante tantos miles de años. Los que realmente debemos cambiar somos nosotros, los hombres.

Tercera: La Ley de la Insatisfacción Permanente, la única ley exclusivamente humana, fruto del aumento de nuestra capacidad cerebral con respecto a las demás especies, no aptas para desarrollarla.

Solamente el Homo Sapiens puede ser plenamente consciente de su propia naturaleza, de sus tendencias y capacidades innatas, de sus limitaciones como ser vivo y, sobre todo, de que un día ha de morir. Esta inteligencia superior es la que ha hecho posible que un homínido que bajó de los árboles hace quizás 4 o 6 millones de años, se haya convertido en la especie dominante entre todas las especies vivas de la tierra, ambición siempre presente en la mente del ser humano.

Pero también esta tercera ley es la responsable, junto a las dos primeras, del surgimiento en la mente humana de unas tendencias y capacidades que han hecho de nuestra historia común, como especie singular, una cadena permanente de guerras, crueldad, abusos, maldad, daño gratuito, etc. y también de avances y progreso permanente desde la ignorancia absoluta hasta la actual situación mundial.

El Homo Sapiens es un animal insatisfecho, incapaz de satisfacer unas necesidades sin ver cómo otras aparecen y cogen tanta fuerza que le impulsan a intentar alcanzarlas y a seguir insatisfecho. El ser humano es, esencialmente, un descontento porque desea siempre tener más de lo que en cada momento posee, porque desea lo que el otro tiene, porque siempre se crea nuevas exigencias o impulsos a medida que alcanza los que ayer deseaba. Cuando hablamos de personas insatisfechas, hablamos de todos, porque todos lo somos.

Y, sin embargo, en China parecen haber modificado estas leyes de la naturaleza humana priorizando el bien del pueblo, aunque manteniendo el control político y social férreo y total.

II.- SOBRE EL RACISMO EN LA NATURALEZA HUMANA

2.1.- El ser humano ante el diferente

El racismo es fruto de las tres leyes de la naturaleza humana y sirve para crear estructuras mentales de dominación de unos sobre otros. Como nos comenta Hemann Kesten en su obra "Felipe II", solo el ser humano entre todos los animales es capaz de buscar pretextos de una superioridad en detalles físicos sin valor alguno para la supervivencia de la especie y que sirven como disculpas para doblegar y dominar personas y culturas. "Solo los hombres se estudian entre ellos con la mirada desconfiada, de los pies a la cabeza, y encuentran en el color de la piel, de los cabellos y de los ojos, ridículos pretextos de una deseada superioridad."

Por principio, todas las sociedades son iguales en una cosa: todas se sienten superiores. Tanto los aztecas como los incas, tanto los chinos como los romanos, tanto los conquistadores españoles como los ingleses, todos ellos se sentían superiores a los países dominados, solamente porque tenían armas más modernas y quizás una mejor organización temporal.

Durante 4 o quizás 6 millones de años el Homo Sapiens ha tenido que defenderse de los animales, del clima y, sobre todo, de los otros seres humanos que pretendían arrebatarle lo poco que podía tener o almacenar. La tendencia a desconfiar del desconocido y, en especial, del diferente ha generado un sentimiento de "miedo al diferente" y de "prejuicio negativo", muy fácil de alimentar e incrementar. El miedo genera desconfianza y la desconfianza genera animadversión contra el otro.

Y los hombres poderosos que han dirigido la historia de la humanidad, que han organizado civilizaciones, culturas y religiones siempre han sabido inculcar en sus fieles, en sus subordinados, en sus siervos el miedo y el odio al diferente. Todas las culturas tienen un grado de prejuicio hacia otras y de ello se aprovechan quienes las controlan.

El racismo se convierte así en un poderoso sistema de dominación sobre los "otros" clasificándolos como inferiores. Y estos criterios mentales se nos han enquistado en el cerebro y en el corazón, porque han sido útiles para sentirnos superiores. Como lo expone Rudyard Kipling: "Todas las personas que se nos parecen son "nosotros" y todos los demás son "ellos".

Y antes o después, lo diferente asusta a la gente.

2.2.- Sobre los conceptos de nobleza y superioridad

Estamos en el siglo XXI, una época de nuestra propia evolución que nos está permitiendo, de alguna forma, romper con criterios mentales y sentimientos de rechazo y defensa que han sido, quizás, muy útiles y necesarios durante miles de años, cuando todo lo diferente podía convertirse en una amenaza. Es un camino por recorrer, porque aún en la familia, en la escuela y en la sociedad se nos sigue enseñando la historia con criterios antiguos, donde el éxito siempre se identifica con la dominación. Hemos de reconocer, mirando a la historia de todas las civilizaciones conocidas, que las tres leyes de la naturaleza humana siempre nos han conducido hacia el egoísmo y el abuso de los débiles y que el clasismo social y el racismo han sido muy útiles al poderoso para justificar conductas de uso y abuso sobre otros seres humanos. Los nobles de todas las culturas se han mantenido siempre como seres superiores a la gente del pueblo, mal denominada plebe.

Y nunca han sido sino seres humanos iguales a todos los demás, pero que han sabido utilizar su poder y dinero para dominar a la inmensa mayoría, es decir, personajes que siempre se han apoyado en las tres leyes de la naturaleza humana para sojuzgar y dominar a la inmensa mayoría y para mantenerla ignorante y callada con el eficaz apoyo de los religiosos, pero que también, desde su posición dominante, han sido capaces de inculcarnos una mentalidad de sumisión e inferioridad hacia ellos y de animadversión y odio contra sus enemigos, que no tenían por qué serlo nuestros.

¿Qué les debemos sino cientos de años de semiesclavitud?

En todo caso, ningún agradecimiento.

2.3.- Sobre el espíritu de tribu

¿No es precisamente el nacionalismo extremo y el espíritu ancestral de tribu lo que hoy día ensalzan y ponen en sus programas todos los movimientos de extrema derecha que vuelven a apostar por el nacionalismo y por la seguridad a cambio de libertad?

Todos y cada uno de los seres humanos hemos nacido en un entorno social concreto y, dicho con otras palabras, en una tribu. Este hecho ha sido durante los últimos 12.000 o 14.000 años sinónimo de pertenencia y de colaboración, tanto defensiva como ofensiva, ante "el otro", "el extraño", "el diferente". Esa fe tribal que en tiempos antiguos servía para defendernos de los ataques de otros pueblos, hoy día sigue siendo el caldo de cultivo de quienes añoran las formas de poder de otros tiempos.

El sentimiento tribal persiste a lo largo de los siglos en buena medida porque siempre les ha interesado a los poderosos alimentarlo con cualquier tipo de sistema que sirviera para crear el concepto de "ellos" y "nosotros".

Aunque admire a José Antonio Jauregui, considero que el sentimiento tribal no está en nuestros genes, ya que es suficiente con que los emigrantes alemanes, marroquíes, chinos, franceses o nigerianos, es decir, miembros de cualquier tribu ancestral se instalen en USA para que una segunda generación se considere exclusivamente estadounidense.

Todos los controles aduaneros y fronterizos de la sociedad moderna y "civilizada" son inventos cuyo objetivo es cerrar la sociedad más y más para evitar la entrada de los "ajenos ilegales" en nuestro coto tribal reservado para los nativos y para aquellos que la tribu moderna autorice a entrar en condiciones muy precisas: tanto tiempo, tales condiciones laborales, etc.

El espíritu tribal se ha venido alimentando durante muchos años por las clases dominantes en el pueblo ignorante, definiendo siempre "al otro", "al diferente" como enemigo y aún hoy día los partidos de extrema derecha siguen incidiendo en el "ellos y nosotros" para crear artificialmente nuevas tribus a las que ligarse en beneficio exclusivo de quienes las manipulan.

¿En qué nos diferenciamos actualmente los vascos de los catalanes, de los gallegos o de los andaluces, salvo quizás en el idioma? Otro ejemplo lo tenemos en los jóvenes de las distintas regiones y países que se conocen en su época universitaria: la mayoría de ellos nunca tienen en cuenta el aspecto tribal para entenderse y para amarse y solo cuando vuelven a sus lugares de origen les recuerdan sus "mayores" los valores tribales.

2.4.- Sobre los diferentes pueblos

Como ya he expuesto con anterioridad, el Homo Sapiens se expandió por todo el ancho mundo y se adaptó a los diferentes climas adecuando sus formas morfológicas, sus aspectos físicos de apariencia externa a la zona donde se ubicó cada grupo humano y cada tribu. Durante más de cien mil años esta adaptación generó pequeñas diferencias de color en la piel y de formas en distintas partes del cuerpo humano, sin que en ningún supuesto los pequeños cambios externos afectaran a su capacidad reproductiva.

No se crearon especies diferentes. Todos los Homo Sapiens podemos unirnos y crear nuevos Homo Sapiens sin más limitaciones que las que imponga una enfermedad o una incapacidad congénita o adquirida. De esta forma se crearon tribus aparentemente diferentes que más tarde crecieron formando pueblos y Estados diferenciados exclusivamente por sus nombres y por los intereses relacionados con el poder y el dinero de las familias dominantes de cada época, pero nunca por las características fundamentales derivadas de su pertenencia a la especie Homo Sapiens, ya que no existían.

Pero, como estamos resaltando continuamente en este estudio, las Tres Leyes de la Naturaleza Humana entraron en juego y, con ellas, la ambición de más poder y más dinero, que nunca se podía satisfacer del todo. Y el hombre empezó a buscar fórmulas para someter a sus intereses a otros hombres, como ya había sometido a la mujer.

Y el líder de turno se convirtió en el jefe de su pueblo, ambicionando también la jefatura de otros pueblos. Unos pocos jefes fueron, con la imposición de la fuerza, ampliando sus dominios y creando criterios que uniformaran las normas de juego o dominio, exigiendo la normalización de un único idioma y unas únicas leyes, siempre con el apoyo de los religiosos de turno.

Así se fueron diferenciando los pueblos cada vez más grandes llegando con el tiempo a llamarse naciones o Estados y creándose unas identidades diferenciadas, incluso dentro de países concretos, como actualmente sucede en España, con los catalanes, gallegos y vascos como ejemplo.

2.5.- El clasismo como sistema social

A partir de cierto momento histórico, como ya explicaremos más adelante, se empezó a considerar como no aceptable esclavizar a los iguales y se buscó y encontró un subterfugio: la consideración del "diferente" como ser humano de inferior condición, es decir, no plenamente humano, de forma que su conversión en ser inferior daba permiso a los seres superiores, con cultura y medios armamentísticos superiores, a seguir esclavizando.

¿Dónde estaban los diferentes? ¿Qué mejor que la diferencia en el color de la piel para considerar como "diferentes e inferiores" y dignos de ser esclavizados a los negros africanos, culturalmente retrasados y perfectamente reconocibles?

Este hecho se desarrolló en épocas muy diferentes en distintas zonas del mundo, pero fue común a todas ellas. Ya desde las primeras civilizaciones el Homo Sapiens empezó a organizar las sociedades clasificando a los seres humanos en categorías, es decir, dividiendo a la gente en grupos, dispuestos en una jerarquía. El Código de Hammurabi en 1.776 a.C. estableció tres clases de seres humanos: superiores, plebeyos y esclavos.

Como más adelante exponemos, la esclavitud y el clasismo ya estaban vigentes en la cultura india en el período védico (1700 a.C. al 600 a.C.) y se sigue manteniendo en el siglo XXI.

La propia Declaración de Independencia de USA, más de 3.500 años más tarde, creó una jerarquía de blancos que gozaban de libertad y de negros e indios americanos, sin derechos. Además, dicha Declaración también hacía distinción entre ricos y pobres, defendiendo la jerarquía de la riqueza que algunos consideraban ordenada por Dios y otros que representaba las leyes inmutables de la naturaleza.

Prácticamente en todo el mundo la etnia dominante tendió a dominar, esclavizar y/o eliminar a las etnias dominadas. Solamente cuando la tribu o grupo étnico que entraba en un nuevo país coincidía en un alto porcentaje en cuanto a aspecto físico (por ejemplo, las tribus nórdicas que llegaron al oeste de Europa justo después de la dominación romana) y si su número era en general muy minoritario con respecto a la población del país invadido, se tendía hacia el mestizaje.

El clasismo y el racismo han sido utilizados por todas las civilizaciones y sigue en vigor en muchos lugares en el siglo XXI. Es nuestro reto cambiar esta situación.

2.6.-Sobre el concepto de raza

El primero en acuñar el término raza fue el francés Francöis Bernier en 1685. En el siglo XVIII, cuando el hombre fue situado dentro del reino animal, se le empezó a considerar como un animal más, dividido en diferentes variedades o razas.

Sin embargo, vamos a utilizar la palabra "raza" aún en fechas anteriores para no marear al lector, porque el concepto al que nos referimos en este ensayo es ese, el del racismo, con independencia de la palabra con la que se le llamara en las distintas épocas de la humanidad.

El racismo es la creencia que sostiene la superioridad de un grupo étnico sobre los demás, lo que conduce a la discriminación o persecución social. El racismo también se produce cuando una persona o grupo de personas siente odio hacia otras por tener características o cualidades distintas, como el color de la piel, el idioma, la religión o el lugar de nacimiento.

Una de las causas más comunes de las actitudes racistas puede encontrarse en el miedo al diferente o a las personas que vienen de otros países, por desconocimiento o falta de información al respecto. Podemos definir también al racismo como una forma de pensar, sentir y actuar que se basa en una característica específica de la diferencia humana a la que se ha llamado "racial" para considerar como inferiores a otras personas.

Las diversas mutaciones de las tesis racistas que hoy emergen como el racialismo, sostienen que la persona es lo que su "grupo racial" de pertenencia "es". Para estos, la individualización de la persona en su "grupo racial" no existe. Una visión esencialista que fomenta el odio y la intolerancia racista.

Sin embargo, el concepto de raza no existe científicamente. La diversidad de color de piel, de aspecto físico o fenotipo obedece a la adaptación humana al medio. Así lo afirma la UNESCO desde 1950. Lo que si podemos afirmar es que la diversidad humana es muy grande y que existe una pluralidad de aspectos físicos; una gran multiplicidad de culturas, idiomas y comportamientos. La aplicación de la mentalidad clasificatoria a todo tiene sus peligros, porque la construcción del concepto de raza y la adjudicación a la clasificación racial es en si una forma de racismo.

3.- BREVE HISTORIAL DE LA ESCLAVITUD Y EL RACISMO

3.1.- Origen histórico de la esclavitud

La historia de la esclavitud proviene de la práctica de aprovechar como mano de obra a los cautivos en las guerras, como alternativa a otra posibilidad también usual, la de ejecutarlos. Las fuentes documentales de Mesopotamia, Persia y Egipto, de Israel, Roma y Grecia, de las civilizaciones maya, azteca e Inca de América e incluso de las antiguas China e India están llenas de referencias a la esclavitud vinculadas a eventos bélicos.

También tenemos pruebas de la práctica de la esclavitud como mano de obra y como ayuda doméstica entre los pueblos que no poseían escritura como los nómadas de Arabia, los pueblos nativos de América, los cazadores y recolectores de África, Nueva Guinea y Nueva Zelanda y en otros pueblos del norte, como los vikingos.

Los pueblos vencidos eran convertidos en esclavos y obligados a trabajar como mano de obra en la construcción, en la agricultura, en la artesanía, en la enseñanza y en el servicio doméstico.

Otra vía para ser esclavo era por deudas. Hay constancia de que tanto en África como en la mayoría de los lugares nombrados era frecuente entregar a la mujer e hijos como rehenes de deudas u otras obligaciones y si el pago no se realizaba pasaban a ser considerados esclavos.

Muchas de las sociedades antiguas tenían un mayor número de personas esclavas que libres gracias a la costumbre de reducir a la esclavitud a la población que tenían bajo su control. Por lo general, la esclavitud incluía el abuso y la crueldad por parte de los amos hacia los esclavos, aunque a menudo éstos también recibían un trato humanitario si eran considerados como bienes valiosos.

3.2.- La esclavitud en la Biblia y la Iglesia primitiva

A.- La esclavitud en la Biblia

La Biblia tiene multitud de referencias a la esclavitud. A los esclavos israelitas se les ofrecía la libertad a los seis años con determinadas condiciones, pero si el esclavo era extranjero, él y su familia permanecían esclavos toda su vida. En la biblia no aparece condena alguna de la esclavitud.

El Levítico y el Deuteronomio legitiman la esclavitud y permiten el comercio de esclavos. La esclavitud sexual o ser vendida una mujer como esposa de un hombre que pagara por ella era algo común en el mundo antiguo y se permitía incluso la venta de hijas para servir en el domicilio de personas ricas con la expectativa de que el dueño o su hijo quisiera casarse con ellas.

También se narra en la Biblia cómo José, el hijo de Jacob, fue vendido por sus hermanos a propuesta de Judá como prisionero en Egipto. En el libro del Éxodo se explica cómo los hebreos de Egipto son reducidos a la esclavitud o servidumbre, sin distinción clara entre ambos términos.

También en el Nuevo Testamento se admite la esclavitud como normal. En las epístolas de San Pablo (Efesios 6, Colosenses 4) se habla de reglas de convivencia tanto para amos como para esclavos cristianos.

B.- La esclavitud en la Iglesia primitiva

Según parece, los esclavos y los hombres y mujeres libres eran considerados en igualdad total dentro de la Iglesia primitiva, como hijos de Dios y hermanos de Cristo, destino común y pleno acceso a todos los cargos eclesiales. El principio de la igualdad radical en Cristo se mostraba operando en las relaciones interpersonales, pero al mismo tiempo la esclavitud no se cuestionaba como institución en el mundo cristiano y se exhortaba a amos y esclavos a cumplir bien sus respectivos deberes: obediencia y respeto de parte de los esclavos, trato humano de parte de los amos.

Los primeros cristianos parece que no habían hecho todavía una reflexión sobre las instituciones sociales y seculares como tales a la luz de los principios cristianos. Los amos cristianos llamaban hermanos a los esclavos cristianos, sin que en texto alguno se condenase la institución de la esclavitud.

3.3.- La esclavitud y el racismo en la antigüedad

3.3.1.- La esclavitud y el racismo en el Oriente Próximo

La primera constancia de la presencia de esclavos es en Mesopotamia en la época Sumeria. En Egipto hubo una gran variedad de esclavos: siervos familiares, tutores para los hijos (que eran altamente valorados), artesanos y trabajadores rurales. Los hititas ya esclavizaban a sus prisioneros de guerra, como casi todas las sociedades de la época. La esclavitud como elemento social fue siempre considerada en las civilizaciones asiáticas y del Medio Oriente como necesaria y muy útil.

3.3.2.- La esclavitud y el racismo en Grecia y Roma

A.- Sobre la esclavitud y el racismo en Grecia y Roma

A.1.- Sobre la esclavitud

En la sociedad greco-romana la esclavitud era una práctica social y económica usual. La normalidad y universalidad de la esclavitud se tomaba como un hecho invariable, con muy pocas excepciones. Realmente la economía del mundo antiguo dependía enormemente del trabajo esclavo. La necesidad de mano de obra se conseguía a menudo con guerras en que se hacían prisioneros que pasaban a ser esclavos.

Según Aristóteles la utilidad de los animales domésticos y la de los esclavos era poco más o menos del mismo género y el vencido en la guerra se reconocía como propiedad del vencedor. La teoría del determinismo medioambiental es la que permitió a Aristóteles justificar la esclavitud como natural y justa, porque ciertos seres humanos, según su criterio, carecían de algunas cualidades esenciales que hacían al hombre completo. Deducía que ciertas personas o pueblos merecían ser esclavos, aunque los griegos también esclavizaban a otros griegos.

Formas de caer en la esclavitud en Grecia y Roma:
-     Ser prisionero de guerra
-     Esclavitud por deudas, pudiendo responder con la propia persona o con la de los suyos.
-     Esclavos nacidos en casa hijos de otros esclavos
-     Niños vendidos por sus padres en apuros económicos

En Atenas había cuatro clases de esclavos:
1.- Los esclavos domésticos, que vivían en la casa de sus amos y trabajaban en su vivienda, en el campo o en la tienda.
2.- Los esclavos "dependientes", que no vivían con sus amos y trabajaban en el campo, talleres o tiendas e incluso podían ser alquilados.
3.- Los esclavos públicos que trabajaban como policías, conserjes, secretarios, barrenderos, etc.
4.- Los cautivos de guerra, dedicados a los trabajos más duros (minería, remeros, etc.) y que incluso podían ser encadenados.

Se estima que en la época clásica las tres cuartas partes de la población de Atenas eran esclavos, siendo esenciales para el mantenimiento de la democracia griega, dejando tiempo a los hombres libres para dedicarse a la política. Los esclavos tenían la posibilidad de comprar la libertad pagando a su amo lo mismo que había costado, aunque el medio más habitual era la manumisión que en la antigua Roma era el nombre que recibía el proceso de liberar al esclavo, tras lo cual se convertía en un hombre libre. Era una práctica común. Un esclavo podía convertirse en liberto (Roma) o meteco (Grecia) por afecto, favores prestados, méritos, cualidades personales, buena voluntad del propietario, etc.

El trabajo de los esclavos consistía fundamentalmente en labores agrícolas, en la construcción y en el servicio familiar, pero había una clase de esclavos muy valorada que era la de los que se dedicaban a labores de docencia, siendo los encargados de la educación de los hijos de la nobleza.

La esclavitud se convirtió en un pilar económico fundamental en Roma. Durante el Imperio y la República se estima que entre un 15% y un 20% de la población de Roma eran esclavos. Hubo leyes que protegían a los esclavos, pero sus dueños siempre tuvieron poder sobre sus vidas, aunque no era habitual que los ejecutasen ni que utilizasen tratos violentos con ellos.

El legislador Ulpiano en el siglo III proclamó ilegal que los padres vendieran a sus hijos a la esclavitud y el emperador Diocleciano (284-305 d.C.) ilegalizó y prohibió convertir el deudor en esclavo y que cualquier persona se vendiera a sí misma a la esclavitud para pagar una deuda.

También hubo cruentas rebeliones de esclavos en Roma. El saldo de las tres guerras más fuertes (135 a.C. al 71 a.C.) fue de al menos 170.000 esclavos muertos en batalla o ajusticiados posteriormente.

A.2.- Sobre el racismo

La primera clasificación de distintas "razas" conocida es la de Hipócrates (siglo V a.C.):

- Los asiáticos son indolentes y pacíficos, pero inteligentes
- Los europeos serían valientes y belicosos, pero faltos de inteligencia

También fue Atenas, a propuesta de Pericles, en el siglo V a.C. la ciudad-Estado que aprobó el endurecimiento de las condiciones de acceso a la ciudadanía, ya que solo podrían ser miembros de la "polis" los hijos de madre y padre atenienses. Esta valoración de la sangre pura mantiene con el racismo moderno una innegable proximidad, aunque es más apropiado hablar de etnicidad que de raza para referirse a la forma que los griegos concebían la identidad cultural y biológica.

Lo valioso es que tanto los griegos como los romanos nunca utilizaron políticas de exterminio o exclusión de los países dominados, sino que permitieron muy ampliamente la integración de "los bárbaros". El Imperio Romano funcionó como una formidable máquina de integrar, incluidas poblaciones que tenían una reputación detestable. ¡Qué lejos se está de las máquinas de exclusión de los totalitarismos contemporáneos!

La integración a la antigua fue, más de lo que se cree, respetuosa de las culturas indígenas: convertirse en griego o en romano nunca acarreó el abandono de tradiciones ancestrales.

A.3.- Sobre el clasismo social

Las gentes en Grecia y Roma clásicas estaban ferozmente divididas en clases que marcaban todos los aspectos de la vida cotidiana, incluso la vestimenta. El paño y el color de las túnicas quedaban determinados por la clase social y era un delito muy grave hacerse pasar por otro con un color inapropiado.

3.3.3.- La esclavitud en el Este de Asia

A.- China

El sistema esclavista se consolidó en las dinastías Shang (1600 a.C. a1046 a.C.) y Zhou (1046.a.C. a772 a.C).

La Dinastía Qin (221 a.C. a 206 a.C.) confiscó propiedades y esclavizó a familias como castigo, utilizándolos en la construcción de grandes infraestructuras, como carreteras, canales y recuperación de tierras para su cultivo. El trabajo esclavo fue muy extenso en este período.

En la dinastía Han (206 a.C. a 25 d.C.) se estima que el 5% de la población estaba esclavizada y la esclavitud siguió siendo una característica de la sociedad china hasta el siglo XX.

Actualmente la esclavitud está prohibida en China, pero aún hay personas que trabajan en condiciones similares a las de la esclavitud y en circunstancias ilegales

B.- Corea

En Corea del Norte se estima que en la actualidad 104,6 personas de cada mil siguen siendo esclavas. Según un trabajo de "Estudios Coreanos Peterson de la Universidad Brigham Young, Corea tiene la cadena ininterrumpida de servidumbre o esclavitud por contrato más larga del mundo, abarcando 1500 años.

3.3.4.- La esclavitud en la India

La esclavitud probablemente estaba muy extendida durante la vida de Buda (563 a.C. a 483 a.C.) y tal vez incluso en el período védico (1700 a.C. a 600 a.C.). Según estudiosos de la época védica, el "Rig Veda" (escrito entre 1700 a.C. y 1100 a.C.) ya estaba familiarizado con la esclavitud. Más adelante hay escritos indios que especifican quién podía ser esclavizado. Pero otro tipo de esclavitud que todavía en el siglo XXI de nuestra era sigue manteniéndose en la India es la división de los seres humanos en clases sociales cerradas y opresoras unas de otras.

A.- El criterio de clasificación de los seres humanos

El único criterio estético en la India desde la invasión indoaria de hace más de 3.000 años ha sido la blancura de la piel. Sus conquistadores fueron blancos e identificaron al blanco como raza de amos y al negro como raza de esclavos. La belleza se confundió con la blancura de la piel, prejuicio ligado a que todos los conquistadores del Oeste, desde los arios a los británicos, fueron siempre blancos y la blancura se trastocó con el concepto de supremacía de la élite gobernante. De ahí una auto - depreciación de la inmensa mayoría de los habitantes de la India por su piel oscura.

En la India moderna los asuntos de matrimonio y trabajo siguen estando muy influidos por el sistema de castas, organizado cuando un pueblo indoeuropeo invadió y dominó el país, a pesar de todos los intentos del gobierno democrático por romper estas distinciones y de convencer a los hindúes de que no hay nada contaminante en la mezcla de castas.

B.- El sentido del sistema de castas

Es una antigua forma de opresión y segregación que, a pesar de estar prohibida por la Constitución de 1950, aún pervive. Es, pues, un sistema hereditario de estratificación social que existe y está profundamente ligado al hinduismo. Manismriti, el libro más importante y autorizado sobre la ley hindú, que se remonta al menos 1000 años a.C. "reconoce y justifica el sistema de castas como la base del orden y la confianza de la sociedad"

Es herencia de la invasión indoaria, en la que los invasores denominados "arya" impusieron una segregación racial mediante rígidas leyes religiosas para evitar el mestizaje con la población aborigen que les superaba en número, cosa que lograron en gran medida durante 900 años, que es el tiempo que duró la civilización védica. Así las castas bajas tienden a ser de un tono bastante oscuro, mientras que las castas altas, con más ascendencia indoaria, son de piel más clara.

C.- Las castas en la India

1.- Los Brahmanes: se asocian al color blanco, vinculado a la pureza y, de acuerdo con el hinduismo, salieron de la boca y el cráneo de Brahma. Representan la inteligencia y se trata de un conjunto constituido por sacerdotes, médicos e intelectuales, situados en la cúspide de la pirámide.

2.- Los Kshátriyas: asociado al color rojo, representante de la energía, salió de los brazos de Brahma. Y está formado por reyes y guerreros.

3.- Vaishyas: vinculado al color amarillo o color de la tierra y se cree que salió de los muslos de Brahma, así pues, está formado por dueños de las tierras y los comerciantes.

4.- Shudras: representados por el color negro, tonalidad asociada a la oscuridad. Según el hinduismo salieron de los pies de Brahma para trabajar para la casta anterior, así pues, lo forman los trabajadores y los campesinos.

5.- Los Dálits (parias) u oprimidos, denominados también intocables, forman la parte más baja de la sociedad. Están carentes de casta. Siguen estando considerados como impuros y continúan siendo avergonzados públicamente y sometidos a las castas superiores.

Las cuatro castas principales están divididas en una 3.000castas y 25.000 subcastas, cada una en función de la ocupación específica.

D.- Los dálits o intocables

Unos 200 millones de indios son "intocables" en la actualidad. Un 48% presenta signos de desnutrición y el 72% padece de anemia en pleno siglo XXI. Un alto porcentaje no asiste a la escuela o abandona los estudios después de primaria y solo una cuarta parte de las niñas de las zonas rurales se escolariza.

Tanto los niños como las niñas dálit afrontan habitualmente abuso verbal y físico por parte de los profesores y alumnos y, además de lidiar con la pobreza extrema, saben de es muy difícil salir de esa situación en la que permanecerán toda su vida. En casi un 40% de los colegios públicos los niños dalit deben comer separados del resto de alumnos y en el 20% no se les permite beber de la misma fuente. Muchos niños empiezan a trabajar desde los ocho o nueve años para apoyar a sus familias.

Cada día 7 mujeres dalit son violadas y muchos niños son asesinados, raptados o secuestrados. En la actualidad se cometen 80 agresiones diarias contra ellos. Un 80% de la población dalit vive en áreas rurales y el 65% es pobre según el índice de pobreza multidimensional (PM) que mide la falta de una alimentación adecuada, de servicios de salud y de educación. Aún hoy en día, los dalit carecen en su mayoría de oportunidades más allá del trabajo forzoso o la esclavitud. La esperanza de vida es de 39,5 años en mujeres y de 43 años en hombres.

E.- Forma de funcionamiento

El trabajo se heredaba, al igual que ahora se hereda la casta. En la actualidad, el año 2024, aún no es posible cambiar de casta a no ser que sea por una dedicación a la vida religiosa, es lo que se conoce como shadus o ascetas hindúes, o a través de la muerte, puesto que los hindúes creen en la reencarnación y el kharma y, según su creencia, su comportamiento actual definirá su casta cuando se reencarnen.

En la práctica, el sistema de castas sigue funcionando y muchos estudios consideran que este sistema de castas es responsable de la pobreza india. Actualmente hay políticas estatales para frenar las exclusiones y discriminaciones que ocasiona el sistema de castas, además de cuotas destinadas a los miembros más discriminados.

F.- Aspectos importantes del dharma o senda del deber

Hay normas absolutamente racistas que siguen en vigor en la India, como parte del dharma de cada ser humano, que consiste en las obligaciones sociales que se deben cumplir durante toda la vida, como, por ejemplo:
- El matrimonio con una persona de inferior casta (varna) se considera impura y contaminante
- Aceptar alimentos tocados o cocinados por una persona de casta inferior también es contaminante
- El mero contacto de la sombre de un shudra y de un brahman (sacerdote hinduista) arruina el dharma (religión o deber) de los dos.

G.- Los gobernantes coloniales británicos

Los ingleses valoraron a su manera el sistema de castas indio considerándolo como un sistema que les facilitaba enormemente el control social y político del inmenso subcontinente indio y, lejos de prohibirlo, lo legislaron estableciendo estrictos límites que hicieron de las castas la característica social definitoria de India cuando utilizaron censos para simplificar el sistema. El objetivo era crear una sociedad única con un derecho común que pudiera ser gobernada fácilmente, como así sucedió desde 1757 hasta 1945.

H.- En la actualidad

El sistema de castas sigue teniendo muchísima influencia en especial en las zonas rurales. Muchos grupos de castas siguen votando en bloque y son cortejados por políticos y los más de 200 millones de dálit siguen siendo "intocables". No parece haber un verdadero interés en cambiar con rapidez un sistema tan enraizado en la mente popular.

I.- Las leyes de Manu

Las Leyes de Manu, escritas hace más de dos milenios, codifican la esclavitud en la India. Los esclavos eran heredables y enajenables, pero tenían derecho a la libertad si aportaban un esclavo sustituto a su amo, si le salvaban la vida o si las esclavas eran preñadas por el amo.

J.-Fuentes de esclavos en la India
- Prisioneros de guerra, que podían optar por la ejecución
- Deudores del gobierno o de los ciudadanos
- Hijos de esclavas
- Quienes apostaban su libertad
- Quienes la vendían a cambio de alimentación
- Ciertos criminales y concubinas
- Ciertos hijos ilegítimos
- Secuestrados para ser vendidos como esclavos (ilegal)

3.3.5.- La esclavitud en África

A.- Formas de esclavitud

A.1.-Común en los reinos africanos
Ibn Battuta, que visitó el Reino de Mali en el siglo XIV, relata que los habitantes locales competían entre sí en el número de esclavos y sirvientes que tenían y le dieron a él mismo un chico esclavo como "regalo de hospitalidad". Muchas comunidades tenían jerarquías entre las diferentes clases de esclavos, por ejemplo, diferenciando entre los nacidos esclavos y los capturados en guerras.

A.2.- Formas de esclavitud
Muchos esclavos eran utilizados para sacrificios humanos en rituales anuales en el Reino de Dahomey. Los hijos de esclavos nacidos en las familias podían integrarse en el grupo de parentesco del amo y alcanzar posiciones destacadas dentro de la sociedad incluso hasta el nivel de amo en algunos casos.

Los esclavos utilizados en el servicio doméstico trabajaban y eran considerados como parte de la casa del amo conservando algunas libertades. También podían beneficiarse de parte de los productos o beneficios generados con su trabajo, podían casarse y pasar la tierra a sus hijos en muchos casos.

Los turcos y los musulmanes crearon una casta militar esclava con negros africanos nubios.

A.3.- Comercio local de esclavos
Se ejercía entre los Ashanti de Ghana. Los yorubas de Nigeria se dedicaron también al tráfico de esclavos y hasta un tercio de su población la componían los esclavos. Incluso había bandas itinerantes y tribus de Angola y Tanzania que capturaban gentes para venderlas.

B.- Prácticas de esclavitud en África

B.1.- África septentrional
La propiedad de esclavos fue generalizada y legal en todo el norte de África durante el Imperio Romano (47 a.C. al 500 d.C.). Estas prácticas continuaron después y con la conquista musulmana se incrementaron con la importación de negros subsaharianos.

Europa Oriental y Central fueron importantes fuentes de esclavos. La Iglesia Católica prohibió la exportación de esclavos cristianos a tierras no cristianas. Muchos eslavos del Este de Europa fueron esclavizados durante tanto tiempo que la palabra se convirtió en sinónimo de esclavitud.

Los mamelucos eran soldados eslavos convertidos al islam y sirvieron a los califas musulmanes y los sultanes turcos. Los primeros se iniciaron en el siglo IX para el Califato abasí de Bagdad y con el tiempo se convirtieron en una poderosa casta militar y tomaron varias veces el poder, como en Egipto de 1250 a 1517.

Más de un millón de europeos fueron capturados y esclavizados por la piratería berberisca entre los siglos XVI al XIX, bajo protección turca. Atacaban toda la costa mediterránea europea e incluso llegaron al atlántico.

B.2.- Cuerno de África
Los reyes cristianos del imperio etíope a menudo exportaron esclavos paganos de sus fronteras occidentales o de otros territorios. Era esencialmente esclavitud doméstica y se consideraba a los esclavos como miembros de segunda clase de la familia de sus propietarios. El comercio de esclavos fue abolido legalmente en 1923, pero continuó hasta la invasión italiana de 1935. Haile Selassie volvió a abolir

definitivamente la esclavitud al recuperar su independencia. En Somalia los esclavos eran dedicados al trabajo en plantaciones.

B.3.- África Occidental

La esclavitud era una práctica habitual durante los siglos anteriores. Primero se activó la trata de esclavos hacia los países musulmanes. Casi un tercio de la población fue esclavizada entre 1300 y 1900.

B.4.- Grandes lagos de África

En esta zona en el primer milenio de nuestra era se mencionaba a los esclavos como un producto secundario, pero habitual, detrás del oro y el marfil. Alcanzó su apogeo en las primeras décadas de 1800 con un máximo de 30.000 esclavos vendidos por año. Se calcula que se exportaron unos 718.000 esclavos durante el siglo XIX.

3.3.6.- La esclavitud en la América precolombina

Entre los indios de América los hijos de los esclavos podían heredar la condición de esclavitud. Un esclavo podía tener posesiones e incluso ser propietario de otros esclavos y comprar su propia libertad u obtenerla si demostraba que había sido maltratado o si había tenido hijos o casado con sus amos. La mayoría de los hombres capturados en guerras eran ejecutados, pero algunos también esclavizados o revendidos.

A.- El imperio azteca

El racismo, que discrimina a los humanos en función de su etnia, aunque no haya ninguna razón biológica que lo justifique, se mostró de forma extrema en el Imperio Azteca hasta el punto de utilizar a gentes de otros pueblos como alimento, siendo el canibalismo una práctica habitual e incluso necesaria para la supervivencia de la especie.

Como lo explica el antropólogo Michael Harner en su ensayo "The Ecological Basis for aztec sacrifice" (1977), el canibalismo azteca se debió a circunstancias medioambientales, a causa de un crecimiento demográfico desenfrenado en una tierra que ofrecía pocos recursos, por la inexistencia de animales grandes domesticables en la zona y unos escasos recursos vegetales.

Estas sociedades no tenían oportunidad de comer carne de otros mamíferos y los seres humanos se acostumbraron a comer a otros seres humanos capturados en guerras con total normalidad. De forma lógica, para la etnia dominante, la "mexica", los humanos comestibles eran prisioneros de guerra de otras etnias procedentes de ciudades conquistadas, que eran sacrificados a los dioses, que se alimentaban de corazones humanos. Se les arrancaba el corazón en vida y eran arrojados para servir de alimento para las clases acomodadas aztecas.

B.- El imperio incaico

Cuando llegó Pizarro a Perú el Imperio Inca se encontraba debilitado por dos gérmenes de división:

1.- El descontento de clase del pueblo contra la aristocracia militar dominante por sus abusos

2.- El odio entre los cuzqueños y los quiteños, que mantenían luchas de poder.

La élite inca residía en Cuzco y se mantenía con los impuestos cobrados en monedas y especies producidos por los pueblos sometidos, a los que consideraba como etnias inferiores y con los que evitaba mezclar su sangre.

Los esclavos de los incas, los "yanas", eran prisioneros de guerra o bien solo simples individuos desarraigados de su comunidad por capricho del Inca o del curaca (cacique o gobernador) para ejercer como siervos, en tareas domésticas, agrarias y pastoriles. El inca solía donar siervos a los altos dignatarios, a los jefes guerreros y a los curacas.

Las distintas etnias dominadas por el Imperio Inca eran consideradas como inferiores a todos los efectos, lo que suponía una situación de animadversión permanente.

3.4.- La esclavitud y el racismo desde el 500 al 1100 d.C.

3.4.1.- La esclavitud en la Península Ibérica

La esclavitud en la península ibérica se justificó legalmente durante dos mil años, desde el 200 a.C. hasta el siglo XIX en el que se mantuvo en las antiguas colonias americanas del Caribe y en el Brasil portugués. Pero la esclavitud ha sido un mal endémico que formó parte de la práctica social en Europa, África y Asia. Lo que pasa es que la Historia siempre pasa de puntillas o "se olvida" del pasado no exitoso o difícil de contar.

La primera esclavitud en la península empezó siendo "blanca" debido a la esclavización de los pueblos iberos por los romanos y siguió así hasta la época medieval. Numerosos europeos y europeas del este y centro de Europa (rusos, tártaros, albanos, bosnios..) fueron capturados en guerras e "importados" como esclavos y esclavas a los reinos hispano-cristianos.

La esclavitud se mantuvo persistente en la Iberia cristiana y los códigos de las leyes visigóticas continuaron controlando la propiedad de esclavos, aunque éstos representaban una parte relativamente pequeña de la población. El rey godo Recesvinto (muerto el año 672 d.C.) prescribió un Código sobre esclavitud para aquellos que no podían pagar la sanción por su delito y también como castigo por otros crímenes. Estos delincuentes se convertían en esclavos de sus víctimas, a menudo con la pérdida de sus bienes. En esta ley sobre la esclavitud se contemplaban tres tipos de esclavos: de la Corona, de la Iglesia y de particulares.

Tanto los cristianos como los judíos y los musulmanes que vivían en las tierras hispanas bajo dominio cristiano poseían esclavos de propiedad, aunque más en Valencia y Aragón que en Castilla. La España musulmana importó un gran número de esclavos para trasladarlos hacia el norte de África. Durante el reinado de Abderramán III (912-961) había en Córdoba más de 13.750.

3.4.2.- La esclavitud y el racismo en la Alta Edad Media en Europa

A.- La entrada del cristianismo

El cristianismo aportó un nuevo concepto "EL UNIVERSALISMO", hasta entonces ajeno a la Antigüedad; se consideraba la verdadera religión de toda la humanidad, desapareciendo la división entre romanos y bárbaros, sustituida entre los bautizados y los paganos. Pero aquí no puede percibirse una dimensión racista, porque se aceptaba a todos los convertidos como iguales, aunque hasta el siglo XIX la Iglesia Católica nunca condenó la esclavitud de seres humanos.

Al final de la caída de Roma se da un paso gradual de la esclavitud a la servidumbre que se generaliza a partir del siglo VIII. En la Edad Media se multiplican las manumisiones, la esclavitud va tomando la forma algo más mitigada de los siervos de la gleba y los cristianos dejan en la práctica de ser esclavos, mientras no caigan en manos de los mahometanos.

B.-Hasta el año 1000 (Francia)

La restauración del orden y el poder creciente de la Iglesia fueron cambiando lentamente el sistema de esclavitud romana. Otro factor importante fue el casamiento de la esclava Basilda de Ascania (627 – 680) con Clodoveo II. Cuando Basilda se convirtió en regente, proscribió el comercio de esclavos. La esclavitud en la Europa Medieval se redujo, pero no llegó a desaparecer hasta el año 1000, sustituida por la servidumbre.

C.- Comerciantes italianos

Ya hacia mediados del siglo VIII Venecia había establecido un próspero comercio de esclavos mediante la compra en Europa y la venta a los árabes del Norte de África. Cuando se prohibió la venta de cristianos a musulmanes, los venecianos comenzaron a vender esclavos y otros esclavos no cristianos del este de Europa. Los eunucos eran especialmente valiosos y las "casas de castración" prosperaron en Venecia.

Durante los siglos IX y X Amalfi fue un importante exportador de esclavos y Génova se dedicó principalmente al tráfico de eslavos de Crimea a Egipto.

El norte del Mar Negro, las actuales Rusia y Ucrania fueron las principales procedencias de los nuevos esclavos hacia todo el Norte de África para servir como soldados. Las mujeres se vendían en Europa, sobre todo en Italia y las grandes islas del Mediterráneo.

D.- Comerciantes judíos

El papa Gelasio (siglo V) permitió a los judíos importar esclavos no cristianos a Italia. Para finales del siglo VI los judíos se habían convertido en los principales comerciantes de esclavos en Italia, aunque también iniciaban su actividad en el resto de Europa. Para los siglos IX y X los comerciantes judíos eran una fuerza importante en el comercio de esclavos en todo el continente europeo y con el Norte de África.

Los judíos eran uno de los pocos grupos que podían moverse y comerciar entre los países cristianos y musulmanes, trayendo esclavos eslavos a través de los Alpes hacia Francia y hacia el sur de la España musulmana.

E.- Vikingos

Durante su época de máxima actividad (793 – 1100) los vikingos en sus asaltos capturaban y esclavizaban a francos, anglosajones y alemanes, llegando también a España, Sicilia y Norte de África. Muchos esclavos irlandeses viajaron en barcos vikingos para colonizar Islandia. También vendían esclavos a Venecia o Bizancio a donde llegaban a través del rio Volga aterrorizando y esclavizando las poblaciones eslavas.

3.4.3.- La esclavitud en el mundo musulmán

La maldición de Cam, convenientemente matizada, fue utilizada por el mundo musulmán para justificar la esclavitud de los negros al señalarlos como sus descendientes. La maldición de Cam había acarreado el ennegrecimiento de su piel por lo que sus descendientes eran los negros condenados a la esclavitud. Esta teoría se expandió por el mundo islámico impregnando el imaginario colectivo y sirvió para justificar la trata de negros.

El Corán prohíbe la esclavitud de los musulmanes, pero no la de los infieles, cristianos o animistas sin distinción. En cualquier caso, no tuvieron reparo alguno en esclavizar a los "malos musulmanes" y a los rebeldes, especialmente en Al-Andalus. Los mercaderes italianos hicieron magníficos negocios vendiendo esclavos eslavos (de ahí el nombre) a los musulmanes del Norte de África.

3.5.- La esclavitud desde 1100 a 1500 d.C.

3.5.1.- Los mongoles

Las invasiones y conquistas mongolas del siglo XIII esclavizaron hombres, mujeres y niños y los llevaron a Karakorum o Sarai desde donde eran vendidos a toda Eurasia. Muchos fueron enviados al mercado de esclavos de Novgorod. La esclavitud creció de una forma exponencial a causa de las inmensas conquistas mongolas por toda Asia y parte de Europa, convirtiéndose en súbditos y esclavos muchos antiguos reinos musulmanes, cristianos y chinos, sin llegar a dominar las islas de Japón.

3.5.2.- La esclavitud en Europa y el Mediterraneo

El pensamiento cristiano medieval veía la esclavitud como una consecuencia del pecado y consideraba justo que alguien fuera reducido a la esclavitud como alternativa a una muerte merecida, como la de un reo de pena de muerte. Como hecho simbólico, en 1102 la esclavitud fue abolida en Inglaterra y se pasó a la servidumbre llegando a ser casi completa entre 1300 y 1485. Pero en la Edad Moderna se regresó la esclavitud.

Tomás de Aquino escribió: "las relaciones de servidumbre pertenecen al derecho de gentes, como dice Isidoro. Por tanto, la servidumbre (servitus, también traducible por esclavitud) que pertenece al derecho de gentes, es natural".

Hacia el siglo XII la esclavitud ya había desaparecido en los países escandinavos, pero al no aprobarse leyes contra la misma, se siguió practicando en la Europa meridional con esclavos eslavos, infieles y paganos. En Escandinavia fue habitual hasta entonces, aunque sobre todo de mujeres.

Los Papas, las órdenes religiosas y los monasterios seguían teniendo esclavos. Los teólogos lo justificaron como derecho natural, al haber sido aceptado como tal tanto por Aristóteles, como por Santo Tomás de Aquino.

Aunque el flujo principal de esclavos en el Mediterráneo fue de esclavos cristianos hacia África por los continuos ataques berberiscos contra las costas italianas, españolas y griegas, también, aunque con menos intensidad, se vendían esclavos musulmanes, por ejemplo, en Marsella en el siglo XIII.

Como resumen de todo Europa:
- En Al-Ándalus musulmán la principal mano de obra era esclava
- En la Europa Medieval se cambió la esclavitud por la servidumbre
- En el mundo árabe han existido mercados de esclavos hasta finales del siglo XIX.
- En la Inglaterra anglosajona hasta 1066 (invasión francesa) la posesión de esclavos era comparable a la de los animales y había mercados de esclavos.

3.5.3.- La esclavitud en Bizancio y en las Cruzadas

La esclavitud en Bizancio estuvo normalizada durante toda su historia, siendo su fuente principal los prisioneros de guerra que se convertían en criados esclavos de las grandes casas bizantinas. En el Reino de Jerusalén, fundado en 1099 tras la conquista de la ciudad en la Primera Cruzada había unos 120.000 francos gobernando a más de 350.000 musulmanes, judíos y cristianos orientales nativos y una cantidad enorme de esclavos heredados y otros muchos prisioneros de guerra que también se convirtieron en esclavos. Decretaron una ley por la que los esclavos musulmanes, si se convertían al cristianismo, debían ser liberados.

3.5.4.- La esclavitud en la Iberia cristiana

Alfonso X el Sabio (1221 – 1284) codificó en el siglo XIII en su obra "Las Siete Partidas" tres formas legales de convertirse en esclavo:
- La guerra
- El nacimiento (madre esclava)
- Venderse a sí mismo

El Código de "Las Siete Partidas", tuvo larga vigencia y afirmaba que "la esclavitud es la más vil cosa de este mundo después del pecado".

La trata de esclavos provenientes de la guerra fue uno de los principales medios de financiación de los reinos cristianos, El año 1147, después del asedio de Almería, Alfonso VII de León envió casi 10.000 mujeres y niños musulmanes a Génova para ser vendidos como esclavos. En 1245 Aragón prohibió que los judíos tuvieran esclavos cristianos, aunque se les permitió que siguieran teniendo esclavos musulmanes, que siguieran actuando como intermediarios en la venta de esclavos entre las zonas cristianas y musulmanas, así como también en el intercambio de prisioneros.

La peste de 1348 aumentó significativamente la necesidad de esclavos en todo el territorio peninsular. A finales del siglo XV España tenía la población más grande de esclavos africanos negros de Europa, buena parte comprados a Portugal. A mediados del siglo XVI España importaba unos 2.000 negros anuales a través de Portugal y en 1565 había 6.327 esclavos solo en Sevilla, con una población total de 85.538 ciudadanos.

3.6.- La esclavitud y el racismo en Europa de 1500 a 1800

3.6.1.-En Europa del Este

En Rusia hasta mediados del siglo XVIII existía la servidumbre que se convirtió por esas fechas en esclavitud: las familias de siervos podían ser divididas y separadas al venderse a parte sus miembros como ganado o como muebles, anunciados en los periódicos. Un perro podía valer más que un siervo.

3.6.2.- En el Mediterráneo

En el norte de África se calcula que entre los años 1500 y 1800 los bereberes esclavizaron a 1,25 millones de europeos cristianos. En Alejandría operaba en el siglo XVII un mercado de mujeres eslavas y en Argel, Túnez y Trípoli había mercados de esclavos europeos blancos.

3.6.3.- El racismo en España en la Edad Moderna

A.- La conquista de América

Los conquistadores españoles y portugueses fueron unos hombres de bajo nivel cultural que basaban el derecho de conquista en la guerra, ganando honor y hacienda con las armas.

Españoles y portugueses se mezclaron inmediatamente con las mujeres indígenas y generaron un mestizaje y una nueva comunidad cultural en América. Los españoles y los portugueses se trasladaban a las colonias americanas con el único propósito de medrar y de conseguir beneficios a muy corto plazo, dejando las mujeres en España y Portugal.

Exportaron una cultura, aunque quienes realmente eran cultos en sus países de origen nunca se trasladaron a las colonias, puesto que sus propios privilegios les exigían defender sus haciendas en su país de origen. España y Portugal fueron países realmente incultos hasta el propio siglo XX y sus gentes solo exportaron ansia de riqueza y de poder.

Tanto la corona española como la portuguesa impusieron su idioma, su religión y su cultura como superiores a los de los pueblos dominados y siempre por las mismas razones:

- Domesticar al pueblo
- Demostrar su superioridad
- Imponer sus normas sociales y culturales

Quienes triunfaron en el nuevo mundo se convirtieron a su vez en la nueva nobleza americana que buscó la independencia a principios del siglo XIX, imitando en su forma de ser y actuar a la vieja nobleza española y portuguesa y manteniendo a los pueblos dominados, al igual que en la península ibérica, en la máxima ignorancia posible.

Pero solamente una minoría logró prosperar y el resto de la población peninsular trasladada a las Américas, se mezcló con la población autóctona y con la población negra traída de África.

B.- La "limpieza de sangre" en España

Los estatutos de limpieza de sangre (el primero de 1449 en Toledo) fueron el mecanismo de discriminación legal en la Monarquía Hispánica y el Reino de Portugal hacia las minorías judeoconversa y morisca (musulmanes conversos). Proponían que ni siquiera el bautismo lavaba los pecados de los individuos, algo completamente opuesto a la doctrina cristiana.

Este rechazo fue de carácter religioso (frente a judíos y conversos) y no étnico o racial. Los estatutos se basaban en la idea de que los fluidos del cuerpo (sobre todo la sangre) transmitían de los padres ciertas cualidades morales que, en el caso de los judíos, no cambiaban ni con su conversión. Muchos historiadores lo atribuyen a la competencia por el acceso a los cargos y a las dignidades.

La nueva división de "cristianos viejos" y "cristianos nuevos" se tradujo en un interés generalizado por la genealogía. Los nuevos cristianos, mediante el recurso a la falsificación, intentaban borrar las huellas del pasado de sus ancestros. Por primera vez en la historia europea se utilizaron los criterios de "raza" y "sangre" como estrategia de marginación.

La "limpieza de sangre" fue la primera manifestación de racismo que podemos definir como tal en la historia de Europa y su resultado fue la expulsión de todos los judíos y moriscos de España, trasladándose la mayoría hacia zonas dominadas por los musulmanes.

Nelson Manrique en su artículo "Algunas reflexiones sobre el colonialismo español" nos expone una visión realista del colonialismo español de Centro y Sur América, aunque yo lo matizo en algunos aspectos.

C.- El cristianismo intolerante y excluyente en España

El fundamento de la "identidad española" de la época de la colonización americana, siglos XVI y XVII, dada la diversidad de los habitantes de la península, terminó siendo la condición de "cristiano viejo". Surgió así, a partir del siglo XVI, un cristianismo intolerante y excluyente que comenzó con una persecución contra los semitas, y devino en una feroz persecución cultural contra los judeoconversos, hasta cristalizarse en una abierta persecución racial, consagrada en la instauración de los "Estatutos de limpieza de sangre" que se generalizaron desde mediados del siglo XV y a lo largo del siglo XVI, descalificando a todo aquel acusado de tener "sangre infecta" (los cristianos nuevos), por razones abiertamente biológicas.

Todo esto sucedía al mismo tiempo que América era descubierta, conquistada y colonizada. Este hecho dejaría profundas huellas en la construcción del orden colonial.

D.- Los estatutos de limpieza de sangre

Los estatutos de limpieza de sangre también se establecieron en la América española para preservar la preeminencia social de los "peninsulares" y de los "criollos" (los americanos con ascendencia española). En este caso se trataba de demostrar que no se tenía ningún ascendiente indio o africano y resultaba relevante en una sociedad colonial cada vez más mezclada étnicamente.

El objetivo era un mecanismo para el mantenimiento del control por parte de la élite dominante. Se utilizaba para justificar una política segregacionista para cargos públicos y eclesiásticos e incluso para el ingreso en colegios y universidades.

Las barreras de segregación entre los españoles y los demás no eran infranqueables: se podía eliminar el estigma de sangre india (que no africana) al cabo de tres generaciones: del español y la india sale mestizo, de éste y español castizo y de éste y español ya español.

Además, desde el siglo XVI los mestizos de ascendencia legítima podían comprar a la corona, siempre necesitada de fondos, un certificado que los clasificaba como españoles. Constituye el primer antecedente del racismo moderno.

El resto de la población multiplicó las relaciones interétnicas para ubicarse de forma generalizada como mestizos, integrados por humanos relativamente uniformes en costumbres, ideas y estatus social, hasta colapsar el sistema colonial de castas.

E.- El mestizaje

Se llevó a cabo un mestizaje generalizado entre los conquistadores y las mujeres indígenas de los dominios coloniales, por una causa biológica fundamental como es la carencia de mujeres españolas por ser el noventa por ciento de los soldados y los migrantes españoles hombres.

La conquista y la colonización española fueron de hombres que escapaban de la "dura realidad de la España ruinosa" que había recién terminado las guerras con los musulmanes. Los antiguos soldados no tenían más salida que alistarse en nuevas guerras y las más innovadoras y potencialmente enriquecedoras estaban en América, donde el botín y las mujeres serían su recompensa.

Isabel la Católica, reina de Castilla, muy poco después del descubrimiento de América, promulgó una ley que no solo prohibió la esclavitud, sino que también dejó claro que los nativos de las Indias eran súbditos de Castilla de pleno derecho. Fernando el Católico, sabedor de que los que iban a Indias eran primordialmente hombres y "para poner a salvo sus almas inmortales que estaban en peligro por amancebarse con mujeres indígenas" autorizó el año 1514 los matrimonios interraciales. Como consecuencia de ambas disposiciones se produjo el mestizaje, que propició, según Hugh Thomas, que a mediados del siglo XVI la mitad de los colonos de La Española estuvieran casados con indígenas.

En los siglos XVI y XVII la emigración de españoles estuvo muy regulada por el Consejo de Indias, pues el nuevo continente era concebido como un bien que había que preservar, no solo económicamente sino también moralmente y por ello se impedía el viaje a extranjeros, judíos, moriscos, gitanos y a los acusados de herejía.

Este encuentro de cinco siglos entre el año 1500 y el 2000 alumbró uno de los hechos históricos más novedosos y sin parangón en la Historia de la Humanidad: EL MESTIZAJE, siendo Iberoamérica el continente más mestizo y con más población indígena de los conquistados por los países imperialistas por excelencia: Inglaterra, España y Portugal. Los españoles y portugueses no dudaron en casarse con indias, a las que consideraban seres humanos iguales a ellos. Sin embargo, los ingleses llevaron prostitutas para no mezclarse con la población nativa. El mestizaje, con sus luces y sus sombras, es una de las primicias de la fraternidad universal que la migración ha propiciado.

F.- El racismo antiindígena

El mestizaje ni fue perfecto ni pudo escapar de las condiciones que la naturaleza humana impone allí donde se siente poderosa o superior, como lo ha sido siempre el "hombre blanco" en todo el mundo.

El racismo es uno de los componentes fundamentales de la dominación social instaurada por los imperios dominantes y continuada por las repúblicas oligárquicas posteriores a la independencia de las colonias, cumpliendo una función decisiva en la legitimación de las exclusiones, pues "naturaliza" las desigualdades sociales. El racismo es, ante todo, una ideología y, como tal, sirve para consagrar un status quo determinado e impone una manera de mirar el mundo.

Parto de que no son las razas las que crean el racismo, sino que es a la inversa: el racismo construye las razas. Y la cuestión que de verdad importa es que basta que una fracción significativa de la población crea que las razas existen para que esta convicción establecida en la intersubjetividad social (el sentido común de la gente) tenga profundas implicaciones en la realidad social. Y que tiende a mantenerse.

El racismo americano actual y el español anterior son en esencia, un racismo colonial. Se construyó a partir de las categorías mentales que portaban los conquistadores, forjadas en los conflictos que enfrentaron a los cristianos contra los musulmanes y los judíos en España en el crucial momento de su constitución como nación.

Los españoles instalaron en todo América lo definido como "un sistema de dos repúblicas: una de blancos y una de indios" Eran repúblicas con sistemas tributarios diferentes, regímenes legales diferentes y derechos diferentes. Eso provocó una verdadera obsesión popular por pertenecer a la república de los blancos, la que te dará, por ello, mayores beneficios.

Como toda ideología dominante, el racismo colonial no solo fue portado por los colonizadores, sino que fue interiorizado y aceptado como "verdadero" por los grupos colonizados. Esto contribuyó poderosamente a la estabilidad del orden colonial. Este estereotipo de la "inferioridad natural" del indio se extendió y aceptó por ellos mismos.

Con la ruptura colonial en el siglo XIX la situación no cambió y el racismo anti indígena pasó a cumplir el rol de soporte de la dominación de la élite criolla y se implantó un orden oligárquico donde el discurso racista sirvió para legitimar la dominación social. El sufragio selectivo debía apartar a los indios del voto, puesto que su "incapacidad natural" los descalificaba para ser ciudadanos de pleno derecho.

El racismo, como sustrato inconsciente, formaba parte del sentido común de la población americana, inclusive entre los intelectuales progresistas que mayores simpatías sentían por los indios.

G.- Comparativa entre el imperialismo español y el inglés

La historia cultural ha demostrado el sentimiento de superioridad racial de los ingleses respecto de los africanos y demás etnias humanas mucho antes de 1619, fecha de la primera llegada de negros a América.

Cuando se inició el colonialismo moderno, los ingleses eran hombres que habían pasado el tamiz de la Ilustración, y que se limitaban a trasplantar su cultura a los nuevos territorios, anulando por completo a los indígenas. Nunca optaron por el mestizaje sino por la dominación absoluta y, en su caso, por la eliminación de los "seres inferiores", como sucedió en América del Norte, Australia y otros países.

España o Inglaterra llegaron a dominar gran parte del mundo con una población 40 veces mayor que la propia metrópoli, pero el desarrollo del imperio inglés fue muy posterior al de los imperios español y portugués y con una mentalidad totalmente distinta.

La emigración inglesa cogió fuerza en la segunda mitad del siglo XVIII hacia la parte este del norte de América mediante el traslado de familias enteras de nivel cultural medio alto por la influencia de la cultura protestante, que les había convencido de la necesidad de conocer la lectura y la escritura para entender el mensaje de Dios en la Biblia.

Con una mentalidad religiosa muy exigente y con una preparación profesional fuerte (carpinteros, agricultores, constructores y otros oficios desarrollados en la metrópoli), pronto iniciaron un proceso de asentamientos bien organizados y sin ninguna necesidad de mezclarse con los indígenas.

Comenzaron a desarrollar actividades lucrativas y a extender sus redes hacia el sur y el oeste, eliminando por la fuerza cualquier tipo de oposición indígena tanto en Norteamérica como en Australia y Nueva Zelanda.

En la India y en otros países los ingleses se limitaron a una dominación por las armas sin otro objetivo que obtener beneficios económicos y mantener diferenciadas su cultura y la de los pueblos dominados. El dominio de los mares y la ventaja estratégica en la producción de manufacturas y armas avanzadas para la época permitió a Inglaterra convertirse en la mayor potencia militar y económica mundial en el siglo XIX. Pero nunca los ingleses se mezclaron con las gentes de los países en los que mantuvieron su poder con mano de hierro.

Es curioso reconocer que cuanto mayor es la discriminación, cuanto mayor es la dureza del trato a las personas supuestamente inferiores y dominadas, éstas se vuelvan capaces de reconocer con mayor evidencia la superioridad del país y de la cultura dominantes y de sobrevalorarlas y de imitarlas.

¿Es efecto del gregarismo del Homo Sapiens?

En todo caso, el imperialismo inglés siempre se mostró reacio al mestizaje con las "razas inferiores salvajes" a las que marcó una distancia inabordable y que incluso llevó al casi exterminio en las colonias de Estados Unidos, Australia y Nueva Zelanda.

Los gobiernos independientes de estos países tampoco se moderaron en su tratamiento con la población autóctona a lo largo del siglo XIX, siempre siguiendo las pautas del racismo y clasismo absolutos entre una raza superior dominante y unos molestos aborígenes que dificultaban el desarrollo de las nuevas regiones.

Tanto la conquista española y portuguesa como el trato posterior con los indígenas de sus dominios fueron mucho más humanos, llegando, como ya hemos expuesto, a un mestizaje singular y a una normalización relativa.

H.- La llegada de los esclavos africanos

Entre el siglo XVI y XIX 12,5 millones de africanos fueron llevados a América como esclavos, lo que llevó a una racialización de las sociedades esclavistas que a su vez llevó a confundir el color y la raza. La blancura de la piel ya era considerada como un signo distintivo de cualidad moral, pero la dicotomía entre blanco y negro se hizo más radical que nunca. Fue entonces cuando para justificar el esclavismo se construyó el concepto moderno de "raza" basado en el color de la piel, como más adelante analizaremos.

I.- Universidades en América Latina

I.1.- Fundación

La primera: El Papa Paulo III emite una bula el 28.10.1538 para la Constitución de la Real y Pontificia Universidad de Santo Tomás de Aquino en la actual Santo Domingo de la República Dominicana.

La segunda: En Lima se funda la Real y Pontificia Universidad de San Marcos por Real Provisión de Carlos I (Valladolid, 12.05.1551).

A lo largo de toda la América española existía desde el siglo XVI, dos siglos antes que en el norte anglosajón, una vasta costelación de Universidades. Antes de 1801 se fundan 26 Universidades en la América Hispana.

I.2.- Objetivos de la Universidades sudamericanas

1.- Formar , dentro de la más rigurosa escolástica, los "cuadros" para la labor misionera, fundamentalmente eclesiásticos.

2.- Promover localmente la instrucción de los novicios de las órdenes religiosas

3.- Proporcionar oportunidades de educación, más o menos similares a las que se ofrecían en la metrópoli, a los hijos de peninsulares y criollos.

Lo diferencial es que ni Portugal ni Inglaterra otorgaron importancia alguna a la fundación de Universidades. Las fundadas por los españoles siguieron los modelos de las Universidades españolas de Salamanca y Alcalá de Henares.

I.3.- El alumnado de las Universidades de centro y Suramérica

Las aulas estuvieron reservadas, salvo escasas excepciones, a los hijos de los peninsulares y de los criollos adinerados. Solo se admitía a hijos de los indígenas y caciques principales, en cuanto se hallaban vinculados a la casta dominante.

Las Universidades coloniales fueron señoriales y clasistas, como la sociedad cuyos intereses servía, y la utopía de la Corona, si realmente existió, se vio desvirtuada por los hechos. El racismo con los indígenas persistió durante los 300 años de dominación del reino español y fue heredado por la nueva clase dominante, los criollos blancos descendientes de los españoles.

3.6.4.- El racismo en la Francia de la Edad Moderna
Nobleza y raza en el reino de Francia de la Edad Moderna

Apareció en Francia en el siglo XVI el nuevo concepto de raza, entendida como linaje, que era la condición indispensable para pertenecer a la nobleza. El objetivo era legitimar sus privilegios frente a los ascendentes "plebeyos". Se recurrió a los conceptos de "causa natural" y de la historia para legitimar la nobleza, remontando el origen de la aristocracia francesa a la conquista de la Galia por los francos en el siglo V, convirtiendo a los galorromanos vencidos en "plebeyos".

El derecho de conquista, según los defensores de este planteamiento singular, había establecido la diferencia entre "dos razas en Francia", la de los amos francos y la de los súbditos o siervos galo-romanos.

Según el filósofo Pierre-André Taguieff todo ello refleja una corriente de pensamiento que anuncia el racismo biológico, porque defendía la existencia de dos razas que básicamente nunca se habían mezclado, lo cual nada tenía de cierto.

B.- Diferencia entre España y Francia

La diferencia entre España y Francia era que mientras en la primera la "limpieza de sangre" excluía a una minoría (judeoconversos y moriscos) en Francia segregaba como inferior a la mayoría.

3.7.- La esclavitud de los africanos subsaharianos

3.7.1.- Legislación española y hechos

En el siglo XV los portugueses inician la aportación de esclavos negros a Europa. Los Papas no lo condenaron, tan solo protestaban si los que eran bautizados seguían siendo esclavos, permitiendo al mismo tiempo el comercio de esclavos sarracenos, paganos y negros.

Tras el descubrimiento de América en un principio se inició la esclavización de los indígenas americanos, pero por influjo de Bartolomé de las Casas y de la Escuela de Salamanca, Isabel I de Castilla prohibió la esclavitud de los indígenas americanos el 20 de junio de 1500, decretando la devolución de sus tierras, aunque en la práctica no se llegó a ejecutar. A partir de esa fecha se consideró oficialmente a los indígenas súbditos de la corona. Ello unido a las enfermedades aportadas por los europeos, animó a los nuevos propietarios de tierras en América a la importación de personas negras de África por su mayor resistencia para el trabajo en zonas tropicales.

Además, a los negros se les consideraba sub-humanos, asimilados con frecuencia a animales, sin tan siquiera ser considerados sujetos de derecho. Paulo III en 1548 confirmó el derecho a tener esclavos, incluso por los eclesiásticos, pero afirmó también que los indios no eran negros y, por tanto, tenían derecho a ser libres y a liberarse.

Los primeros europeos en llegar a la costa de Guinea fueron los portugueses en 1441. En el siglo XV los portugueses capturaron esclavos africanos para cultivar el azúcar en las islas de Santo Tomé y Príncipe. Pero los primeros en llevar esclavos negros a América fueron los españoles a las islas de Cuba y Hispaniola donde la tasa de mortalidad alarmante de la población nativa había generado la reacción de la Reina Isabel I de Castilla para protegerlos.

Varios imperios africanos prosperaron con la trata de esclavos y se dedicaron con mucho interés a la guerra para capturar cuanto más esclavos para venderlos a los esclavistas blancos. La supresión gradual de la esclavitud en el siglo XIX colapsó la trata y supuso el declive de los imperios africanos.

Desde el siglo XVI en adelante la península ibérica se convirtió en un enclave geográfico estratégico para el tráfico esclavista entre África y América. Además de negros, también se vendían guanches, berberiscos, indígenas americanos (a pesar de la prohibición) e incluso hindúes.

Se estima una cifra de entre 11 millones y 12,5 millones el número de esclavos africanos llevados a América y que llegaron vivos. Las condiciones de la travesía eran abominables y muchos negros fallecían en los barcos. Desde tiempo inmemorial la esclavitud era aceptada como algo natural y la Iglesia no lo modificó, llegando incluso a enriquecerse con esclavos cautivos que utilizaba en sus enormes monasterios como mano de obra barata. A menudo se usaba el argumento de que era un bien para los propios negros, pues estaban mejor en la esclavitud en países cristianos que en las salvajes tierras nativas, donde a menudo eran esclavos de otros negros.

Hubo religiosos españoles y portugueses que protestaron contra la esclavitud, pero demasiadas autoridades civiles, económicas y religiosas estaban muy interesadas en que siguiera funcionando. El Papa Urbano VIII en 1639 condenó absolutamente la esclavitud de los indios, pero no el de los negros. Clemente XI a principios del siglo XVIII dio órdenes a los nuncios de Madrid y Lisboa de que actuasen para poner fin a la esclavitud. No hubo respuesta.

En 1750 Portugal suprimió la esclavitud en la metrópoli y en 1773 prohibió la entrada en ella de negros. La Constitución Española de 1812 (la Pepa) mantuvo la legitimidad de la esclavitud dejando a los esclavos y esclavas al margen de la españolidad.

3.7.2.- La justificación de la esclavitud

La esclavitud como fenómeno sociológico institucionalizado desde hace quizás más de 12.000 años, desde el inicio de los primeros enfrentamientos entre grupos humanos asentados y grupos por asentar o por mejorar, nunca necesitó más reconocimiento antropológico que las Tres Leyes de la Naturaleza Humana.

Hasta finales del siglo XVIII nadie se planteó su justificación, salvo algunas iglesias cristianas, que solventaron el problema con la excusa de considerar al esclavo como digno de su condición, deshumanizándolo y convirtiéndolo en un ser inferior. Desde los pensadores griegos hasta los pensadores nazis, todos justificaron el racismo y la esclavitud como "naturales". La influencia ideológica fue fuerte y se creía en la desigualdad de razas. Así se justificaron la colonización y la esclavitud en las tierras conquistadas considerando a sus humanos como seres inferiores.

3.7.3.- La esclavitud en Inglaterra y Holanda

En el siglo XVII el tráfico de esclavos pasó en gran parte a manos de los holandeses y los ingleses, por los enormes beneficios que podían obtener. El dominio de los mares por ambas potencias navales, en detrimento del decadente imperio español, impuso sus normas de juego y dedicaron tiempo y dinero al "petroleo negro" de los siglos XVII y XVIII, como era entonces considerada la exportación de esclavos de África a América.

El filósofo y médico inglés John Locke (1632 – 1704) reprodujo la justificación tradicional de la esclavitud como alternativa a la muerte que estaba en la mano dar a un conquistador. Frágil razonamiento visto desde nuestra perspectiva del siglo XXI, pero más que suficiente para los traficantes de carne viva de aquellos tiempos.

En el siglo XVIII se intensificó el tráfico (los ingleses llevaban más de 70.000 esclavos anuales a América), pero al mismo tiempo se produjo una creciente crítica y acción religiosa, social y política contra el tráfico, que en el siglo XIX conseguiría su abolición.

Pero ¡Cuidado! Los ingleses desde mediados del siglo XVIII, es decir, desde 1750 en adelante, se encontraban en plena Revolución Industrial que modificó en poco tiempo el panorama económico y social del mundo desarrollado y más tarde del resto.

La pregunta primera es: ¿Por qué los ingleses que estaban llevando más de 70.000 africanos esclavizados a América cada año nunca los utilizaron para sus propias fábricas si su coste era tan barato?

El desarrollismo industrial primó en la segunda mitad del siglo XVIII y en la primera del XIX sobre el negocio esclavista por varias razones:

1.- Los dueños de las plantaciones de Estados Unidos optaron por confiar en otros tratantes no ingleses para importar mano de obra esclava de África, perdiendo los ingleses a su mejor y casi exclusivo cliente.

2.- Inglaterra optó para sus fábricas por la mano de obra asalariada barata, muy barata, que sobraba en el país proveniente de la campiña inglesa y sin compromiso alguno salvo el de un salario mínimo y miserable. ¿Por qué razón? Porque a los industriales ingleses les resultaba más barato y rentable contratar a esos siervos, hombres, mujeres y niños, sin adquirir compromiso alguno de futuro con ellos, mientras que la compra de esclavos les suponía un coste inicial, una rentabilidad muchas veces negativa por su falta de interés en trabajar y un coste final importante por considerar a los esclavos parte de la propiedad del industrial que había que seguir manteniendo.

3.- Inglaterra consideró que a futuro le sería mucho más rentable dedicarse a la fabricación industrial que al comercio de seres humanos

4.- Al tomar la decisión anterior, también animó y más tarde obligó a los países que se beneficiaban de la trata a renunciar a la misma

Como consecuencia de todo ello, podemos afirmar sin margen de error que la abolición de la esclavitud fue para Inglaterra y sus empresas industriales una decisión económica muy rentable y también debemos considerar que supo optar por la mejor decisión al decidir priorizar la actividad industrial, como se demostró después al convertirse en líder mundial.

Además, se pueden añadir otras razones de peso demostradas en la naciente industria norteamericana en los mismos años de la Revolución Industrial inglesa, que nos acercan a una respuesta más o menos lógica para la no contratación de esclavos en sus fábricas:

1.- Muchos negros acostumbrados a laborar en el campo y en servicios caseros, no se adaptaron al durísimo trabajo de las primeras fábricas. El ejemplo lo tenemos en los más de 100.000 trabajadores de esta etnia que volvieron libremente de la América del Norte industrial a las plantaciones del Sur para trabajar en ellas.

2.- Los ritmos de trabajo a los que estaban acostumbrados en el campo en nada se parecían a los de las fábricas primitivas.

3.- Muchos empresarios americanos optaron por contratar inmigrantes que ya habían dado el "salto mortal" de venir desde Europa, en lugar de los exesclavos.

4.- El propio exceso de demandantes de empleo, que acudían del campo a la ciudad huyendo de las hambrunas periódicas abarataba enormemente sus costes.

El negocio inglés del transporte de esclavos a Estados Unidos decayó a finales del siglo XVIII por las razones expuestas y también por el crecimiento incesante de los emigrantes europeos hacia América. Se presentaron sucesivas medidas legislativas en Inglaterra (1807, 1827, 1833 y 1834) que prohibieron primero la trata y después abolieron la esclavitud. La mayoría de los países europeos, en muchos casos bajo presión británica, copiaron sus medidas.

Gran Bretaña empleó unos 30 barcos para reprimir el tráfico negrero de las otras naciones entre 1808 y 1870. Al "West Africa Squadron" se le atribuye la captura de 1.600 barcos de esclavos entre 1808 y 1860 y la liberación de 150.000 africanos que estaban a bordo de dichos barcos, aunque son datos suministrados por el Reino Unido y, por lo tanto, no suficientemente verificados.

3.7.4.- La esclavitud en EEUU

A.- Hasta la Guerra de Secesión (1861)

Desde la independencia los Estados del Norte fueron aprobando legislaciones emancipadoras, mientras los Estados del Sur las rechazaban. Hacia 1810 el 75% de los esclavos del norte habían sido liberados, pero crecía el número de esclavos en el sur. Como en Inglaterra, los empresarios industriales preferían tener asalariados libres, pero con míseros salarios, que esclavos poco dispuestos a trabajar más que lo justo. De los 15 presidentes anteriores a Lincoln, 11 de ellos habían sido propietarios de esclavos, incluidos Washington y Jefferson.

Ya en 1837 se articularon argumentos políticos anti esclavistas que reconocían que su desaparición desestabilizaría la economía y la sociedad y que incluso era una amenaza para la democracia. Solamente a comienzos del siglo XIX el movimiento abolicionista pasó a ser preocupante para los intereses esclavistas, a medida que el Reino Unido y otros países iban limitando el tráfico internacional de esclavos y establecían legislaciones abolicionistas. Las rivalidades económicas aumentaban constantemente entre el Norte y el Sur desde 1.800. El proceso fue el siguiente:

- Una ordenanza de 1787 prohibió la propagación de la esclavitud hacia el noroeste.
- En 1808 se prohibió la trata y se impidió la entrada de nuevos esclavos, con lo que los plantadores del sur se enfadaron y discutieron sobre si el poder federal debía respetar las tradiciones de los estados viejos y la entrada de nuevos esclavos, pero el número de esclavos siguió aumentando.
- La plantación patriarcal tendía a desaparecer y las pequeñas plantaciones proliferaban extendiendo la esclavitud.
- En 1818 ya había 11 Estados del Norte que no aceptaban la esclavitud porque a las empresas del desarrollo industrial no les interesaban los esclavos (por falta de rentabilidad) y preferían contratar obreros que trabajasen en condiciones miserables por sueldos bajos.
- En 1831 una revuelta de esclavos generó matanzas en Virginia y, al mismo tiempo, los abolicionistas exigieron la libertad inmediata de todos ellos.
- En 1848 empezaron a llegar contingentes de emigrantes europeos con mentalidad más revolucionaria que traían ideas contrarias a la esclavitud.
- En los Estados del Norte se temía que los Estados esclavistas adquirieran mayoría. Las diferencias de criterios generaron verdaderos conflictos que, a su vez, eran estimulados con armas y dinero.
- La crisis de 1857 acrecentó la oposición entre los Estados del Norte (interesados en la industrialización con obreros libres, aunque maltratados) y del Sur.
- Los del Sur, conducidos por Jefferson Davis, tomaron posiciones extremistas y provocaron la ruptura del Partido Demócrata de EEUU, lo que permitió la elección del candidato

republicano Abraham Lincoln, quien en su programa de gobierno había incluido la abolición de la esclavitud.
- Y se inició la Guerra de Secesión.

B.- Las razones de la Guerra de Secesión

Los dueños de las plantaciones del sur de EEUU recurrieron al argumento del paternalismo sobre los esclavos negros desde que se inició su traída de África hasta la Guerra de Secesión. Pero la esclavitud no fue la verdadera causa de las grandes diferencias políticas entre los poderosos de las regiones Norte y Sur de Estados Unidos antes de la Guerra de Secesión americana del siglo XIX. La causa fue la economía. El Sur vendía su algodón y su azúcar a Inglaterra y Europa y compraba productos manufacturados al otro lado del Atlántico, en vez de hacerlo al Norte, que era una zona industrial.

El Sur había decidido que no necesitaba al resto de los Estados Unidos de América, ya que discrepaba absolutamente en muchos criterios de funcionamiento, incluido en el trato con los esclavos, que ya habían sido sustituidos en las fábricas y empresas del Norte de Estados Unidos por obreros libres con salarios miserables y sobre los que no asumían responsabilidad paternal alguna.

Esta era la herida que supuraba, a pesar de los discursos de Lincoln en contra de la esclavitud. No es oro todo lo que reluce. Los americanos venden su Guerra de Secesión como una lucha contra la esclavitud, pero, en realidad, fue, como todas, una guerra económica, donde quizás cientos de miles de personas murieron para que unos pocos industriales poderosos del Norte ampliaran sus negocios.

C.- Proclamación de la Emancipación de 1863 y consecuencias

Con la Proclamación de Emancipación de 1863 y la Decimotercera Enmienda, los hombres y mujeres negros esclavos de

Estados Unidos pasaron a ser oficialmente libres, pero fue desde esa fecha cuando los ciudadanos blancos de Estados Unidos empezaron a recurrir a argumentos biológicos y raciales para "demostrar" la inferioridad de los negros, además de acudir también a la intimidación y el asesinato por organizaciones racistas como el Ku-Klux-Klan.

En la segunda mitad del siglo XIX, después de la Guerra de Secesión, los blancos de EEUU seguían considerando que era un hecho consumado que los negros eran menos inteligentes, más violentos y sexualmente disolutos, más perezosos y menos preocupados por la higiene personal que los blancos.

Al mismo tiempo se aprobaron leyes explícitas para prohibir la mezcla racial y las relaciones sexuales entre blancos y negros, que fueron aplicadas contra los negros con fuertes castigos. Era considerada "negra" toda persona que tuviera una sola gota de "sangre negra", es decir, quien tuviera un antepasado negro en las últimas cinco generaciones.

Dichos prejuicios se afianzaron cada vez más a medida que pasaba el tiempo y se fueron creando leyes y normas orientadas a salvaguardar el orden racial: se prohibió que los negros votaran, que estudiaran en las mismas escuelas que los blancos, que entraran en tiendas, hoteles y restaurantes para blancos, etc.

En 1865, al terminar la guerra de secesión, los nordistas no creían que los negros estuvieran preparados para convertirse en ciudadanos y mucho menos en propietarios, por lo que dejaron que los blancos recuperaran el control de las plantaciones de los Estados del Sur e impusieron un estricto sistema de segregación racial hasta 1965, es decir, durante 100 años más.

3.7.5.- La esclavitud en África por los musulmanes

Según los últimos estudios, los árabes se llevaron del África Subsahariana unos 17 millones de personas encadenadas y consideradas a todos los efectos esclavas a partir del siglo VIII d.C., que fueron vendidas por todo el Oriente Medio y el Norte de África. Se crearon nuevas formas de empleo para los esclavos, como eunucos para proteger harenes y también se legislaron condiciones para conseguir la libertad mediante la conversión, aunque solamente a los hijos de los esclavos.

3.7.6.- La esclavitud en América por los cristianos

Entre el siglo XVI y XIX entre 11 y 12,5 millones de africanos fueron llevados a América como esclavos, lo que llevó a una racialización de las sociedades esclavistas que a su vez llevó a confundir e identificar el concepto de color con el concepto de raza. La blancura de la piel ya era considerada desde antiguo como un signo distintivo de valor moral, pero la dicotomía entre blanco y negro se hizo más radical que nunca.

Fue entonces cuando para justificar el esclavismo se construyó el concepto moderno de "raza" basado en el color de la piel, como más adelante analizaremos.

Se estima que los negros africanos que llegaron como esclavos a América procedieron unos 3 millones del Congo y Angola, unos 2 millones de la Costa de los esclavos, otros 2 de Benin y Calabar, otros 1,5 millones de Guinea, otro millón de Mozambique y Madagascar, otro millón de Nigeria y el resto, sin identificar su procedencia, del resto de África. Entre 1500 y 1860 se calcula que llegaron 4 millones al Caribe, 5 millones a Brasil y el resto a los demás países.

A fines del siglo XVIII la población de negros en América era aproximadamente la siguiente :

País	Esclavos	libertos	total
Brasil	1,000.000	399.999	1,399.000
Caribe francés	575.000	30.000	605.000
Caribe británico	467.000	13.000	480.000
Estados Unidos	575.420	32.000	607.420
América españ.	271.000	650.000	921.000
Total	2,888.420	1,240.000	4,128.420

Exportación mínima de esclavos negros a América:

Exportador	1492-1600	1601-1700	1701-1810	1810-1870	Total
Portugal	50.000	560.000	1,891.400	1,145.400	3,646.800
GranBretaña	263.700	1,749.300	51.000		2,064.000
Francia	155.800	1,348.400	96.000		1,600.200
España	75.000	292.500	578.600	606.000	1,552.100
Holanda	40.000	460.000			500.000
Dinamarca	4.000	24.000			28.000
Total	588.500	4,434.200	2,617.000	1,751.400	9,391.100

La evolución del número de esclavos negros en EEUU:

Fecha	Población blanca	Población libre no blanca	Población esclava
1790	4,032.779	90.800	1,335.898
1810	6,604.933	264.975	2.109.385
1860	20,700.010	614.329	5.726.026

Zonas receptoras:
- Brasil   4,000.000
- Hispanoamérica   2,500.000
- Indias británicas   2,000.000
- Indias francesas   1,600.000
- Estados Unidos   1,500.000
- Indias holandesas   500.000
- Europa   200.000

- Total   12,300.000

Oficios a los que fueron destinados:
- Plantaciones de caña   5,000.000
- Plantaciones de café   2,000.000
- Criados   2,000.000
- Minería   1,000.000
- Campos de algodón   500.000
- Campos de cacao   250.000
- Construcción   250.000

- Total   11,000.000

3.8.-Evolución del pensamiento sobre el racismo y el esclavismo en Europa en los siglos XVII, XVIII y XIX

3.8.1.- Definición del concepto moderno de "raza"

La burguesía se había constituido en el siglo XVIII en Europa como una clase media acomodada y una clase alta cuyo origen no era el de la nobleza y que se preocupó por obtener un cierto capital cultural colocándose como un sector en ascenso al ampliarse las fábricas y la economía de forma gradual. En Europa las relaciones sociales de producción adoptaron una forma asalariada que llevaron a una mayor acumulación de riqueza en pocas manos y a la aplicación de la lógica capitalista.

Esta nueva clase desplazó la religión del orden social y empezó a cuestionar la legitimidad de los reyes y el "derecho divino". Filósofos e intelectuales se preguntaron por los fundamentos racionales de gobierno, los límites y responsabilidades de la autoridad, así como por los derechos, libertades y obligaciones del pueblo.

Surgieron los nuevos principios de la modernidad capitalista en la que el orden mundial debía estar garantizado por los distintos Estados-nación de Europa y América.

Estos cambios políticos y socioeconómicos exigieron también modificaciones en la interpretación de las relaciones entre los distintos grupos humanos y, en especial, argumentos nuevos para avanzar en la dominación de los "nuevos países" a conquistar o dominar.

El primero en acuñar el término "raza" fue el francés Francois Bernier en 1685. El creador de la antropología física Friedrich Blumenbach, médico y científico alemán, también utilizó el término "razas humanas" para clasificar a los hombres en cinco categorías: mongólica o amarilla, malaya o parda, etíope o negra, americana o roja y caucásica o blanca.

Pero fue el naturalista sueco Carlos Linneo (nacido en 1707) quien situó al hombre dentro del reino animal en la clase de los mamíferos y en el orden de los primates. Linneo nunca utilizó la palabra "raza" asignando a cada especie vegetal y animal un nombre científico y también a los humanos. Linneo en 1758 dividió a los seres humanos en cuatro variedades determinadas por el color de la piel y los caracterizó así:

.   A.- Americanus: rudus o rojo: colorado, colérico, de porte derecho, de piel morena y cabellos negros, lacios y espesos, con labios gruesos, nariz grande, mentón casi sin barba, porfiado o testarudo, contento de su suerte, amante de la libertad y el cuerpo pintado. Reído por sus costumbres.

'   B.- Europaeus: albus o blanco: sanguíneo, musculoso, cabellos claros y abundantes, inconstante, inventivo, cubierto totalmente con ropas, gobernado por leyes.

C.- Asiaticus: luridus o amarillo: melancólico, estricto, cabello negro, ojos castaños, fastuoso, vestido con largas túnicas, gobernado por la opinión.

D.- Afer: negro, flemático, indolente, con cabellos crespos, nariz ancha, astuto, perezoso, con el cuerpo frotado con aceite o grasa, gobernado por voluntades arbitrarias o caprichos.

3.8.2.- La Ilustración y el esclavismo

Edgard Morín nos habla de la Ilustración y pone en boca de Montaigne la siguiente frase: "Todo hombre es mi compatriota". Y deduce de la misma que a este sabio de la Ilustración se le puede considerar como el primer anticolonialista.

Siento disentir profundamente con mi maestro Morín, aunque solo sea en esa afirmación, ya que no tuvo en cuenta que tanto Montaigne como la mayoría de los Ilustrados consideraban humanos plenos solo a los de raza blanca. Y ello se explica así:

En el siglo XVIII desde Voltaire a Ádam Smith diseñan una trayectoria humana universal desde el estado salvaje hacia la sociedad civil, en la que los pueblos pasan de una condición casi animal a la plena humanidad, desde el estado salvaje y la barbarie a la humanización.

De esta forma los ilustrados resuelven la contradicción inherente a su discurso universalista de que todos los hombres somos iguales y tenemos la misma dignidad. Su supuesto universalismo va de la mano de la invención de categorías que justifican la desigualdad y hacen comprender las diferencias, abriendo un espacio para las diversas "razas humanas".

Las propuestas de igualdad de la Ilustración eran solo para el hombre blanco. Un ejemplo representativo de la "ambivalencia de la Ilustración sería el caso de Thomas Jefferson, defensor de los derechos humanos y propietario de esclavos.

3.8.3.- Kant y el racismo

Después de varios cambios de opinión sobre este tema a lo largo de su vida, el filósofo alemán Immanuel KANT termino clasificando al ser humano en razas, con estas palabras:

1.- La humanidad existe en su mayor perfección en la raza blanca: los blancos somos los únicos con los talentos necesarios para la "cultura de la civilización" y para producir cambio y progreso.

2.- Los hindúes amarillos poseen una menor cantidad de talento y tienen la posibilidad de ser civilizados, como partícipes solo de una cultura de habilidades y no de una cultura de la ciencia

3.- Los pueblos americanos (rojos) son incapaces de adquirir cultura

4.- Los negros son inferiores y únicamente pueden desarrollar una cultura de esclavos

Seamos realistas, hasta que aprendimos con el ejemplo de las consecuencias de la Segunda Guerra Mundial las atrocidades que puede generar el racismo, no llegamos a comprender el concepto de la palabra Universalidad, aunque en el siglo XXI parece que demasiada gente está volviendo a tiempos pasados.

3.8.4.- Discurso universalista y razas.

Fue en el siglo XIX cuando se desarrolló en la Europa cristiana la interpretación racista del texto de la maldición de Cam. Teólogos e intelectuales, copiando a los musulmanes, empezaron a interpretar la Biblia con la afirmación de que hay tres razas humanas, provenientes de los tres hijos de Noe:

- De Sem descienden los judíos y los árabes
- De Cam los negros
- De Jafet los blancos

3.8.5.- La Revolución Francesa de 1789

El sistema feudal fue abolido por la Revolución Francesa y los ideólogos y políticos liberales concibieron y crearon los Estados-Nación proclamando la igualdad entre todos los hombres. El principio de igualdad exigía la liberación de los esclavos, pero escondía lo que muy pronto sería evidente: el hecho de que había personas dentro de cada Estado-nación que no eran tratadas en igualdad: los afrodescendientes y los integrantes de los pueblos originarios considerados "inferiores por naturaleza", de "raza negra" y "raza roja".

Esta creencia fue convertida en claras prácticas de ejercicio de poder, de exclusión y de inferiorización. Las minorías étnicas no fueron reconocidas como sujetos de derechos en países como EEUU y Brasil y en las naciones europeas.

En 1755 Rousseau condenó absolutamente la esclavitud. Un artículo del filósofo Louis de Jaucourt en La Enciclopedia de Diderot afirmaba que el comercio de esclavos era un negocio que conculcaba la religión, la moral, la ley natural y todos los derechos humanos, que todo esclavo merecía ser declarado hombre libre y nada en el mundo podía hacer que la esclavitud fuera legítima. Sin embargo, ya Montesquieu afirmaba que la esclavitud era mala para el esclavo y el amo, pero necesaria en América y Voltaire acusó a la Iglesia por no haber abolido la esclavitud, pero también invirtió dineros suyos en el tráfico de esclavos.

En 1777 se prohíbe la entrada de negros en Francia. La Revolución Francesa abolió en la Francia revolucionaria la esclavitud el 4 de febrero de 1794, bajo los Jacobinos, aunque dicha prohibición fue revocada por Napoleón en 1802 reestableciendo la esclavitud. En 1848 se suprime definitivamente en Francia.

3.8.6.- Arthur de Gobineau: fundador del racismo moderno

Este filósofo francés (1816 – 1882) llegó a las mismas conclusiones a las que poco más tarde llegó Darwin: "que en definitiva la vida no es más que la supervivencia en la lucha por la reproducción de la propia especie". Según Gobineau existían tres razas humanas:

- Los negros: brutal, sensual y cobarde
- Los amarillos: débil, mediocre y materialista
- Los blancos: inteligente, enérgica y llena de coraje, teniendo el monopolio de la belleza y del honor, y destinada a conquistar a las razas subordinadas para acentuar su papel de fundadora de la civilización. La mejor expresión de la raza blanca eran los arios.

Pero el mito de la superioridad de la raza aria se debe al filólogo francés Ernest Renan, quien separó a los grupos lingüísticos indoeuropeo y semita como razas distintas dotadas de aptitudes diferentes y desiguales. Según el filósofo francés Pierre – André Taguieff, Renan es el verdadero fundador del antisemitismo académico en Francia, pero sin hacer llamamiento alguno a la persecución. Fue Jules Soury quien efectuó el paso a la acción contra el pueblo semita o judío.

3.8.7.- El impacto de la teoría de la evolución sobre el racismo: el darwinismo social

La Teoría de la Evolución se desarrolla en el siglo XIX y explica las leyes que conducen la vida biológica en la tierra y las formas de sobrevivir, reproducirse y perpetuarse los seres vivos mediante la adaptación de sus organismos al medio ambiente y pasando las adaptaciones a su descendencia.

El punto de inflexión se da con la publicación de "El origen de las especies" de Charles Darwin y Alfred Russel Wallace. Darwin lo llamó "selección natural". Cada especie animal o vegetal desarrolla "estrategias evolutivas" para preservar su existencia, estrategias que son procesos o mecanismos, no siempre conscientes ni deliberados, que aprende a desarrollar para adaptarse al medio ambiente.

Darwin acuñó el concepto "La supervivencia del más apto" y nunca justificó la división de la sociedad humana en más aptos y menos aptos ni en razas. La idea de raza cambió y el racismo se convirtió en un concepto identitario del desarrollo de Occidente en los siglos XIX y XX.

El vuelco definitivo en el concepto de raza se produjo cuando se impuso la idea de que la naturaleza evolucionaba y que las especies mutaban permanentemente adaptándose a su medio. Sus metáforas como la supervivencia de los más fuertes y la adaptación al medio para sobrevivir fueron malinterpretadas y tuvieron una enorme influencia sobre el racismo posterior.

La idea de raza cambió y se alcanzó el consenso entre los antropólogos de que las razas no existen más que en un estado transformado e híbrido. Una derivación del darwinismo social fue la eugenesia: modificar la herencia genética para mejorar la raza aplicando leyes biológicas o genéticas. Pero de la Teoría de la Evolución de Darwin surgieron interpretaciones diversas acerca de cómo debía regirse la sociedad humana (darwinismo social) y surgieron tres ideas centrales:

A.- La evolución implica la adaptación y la mejora constante y a mayor evolución, mayor inteligencia, destreza y dominio de la naturaleza. En la tierra solo la especie humana asciende hacia la perfección.

B.- Entre los seres humanos hay una clasificación entre los que han evolucionado más formando sociedades más aptas y evolucionadas en función de las "cualidades innatas" de cada grupo social (capacidad de raciocinio, inteligencia, belleza).

C.- Las poblaciones humanas más aptas y evolucionadas son social, cultural y moralmente superiores a las "menos aptas" y "menos evolucionadas" estableciéndose así inevitables jerarquías de poder y dominación.

El darwinismo social desvirtuó las ideas de Darwin y durante el siglo XIX y principios del XX proliferaron y se perfeccionaron las técnicas de antropología física destinadas a medir el cuerpo (como la craneometría) y demostrar la existencia de razas. Los darwinistas sociales llevaron la noción de "supervivencia del más apto" al terreno político, señalando que en Europa era necesario preservar la "pureza de la raza superior blanca o caucásica" y se llegó a la exaltación de la "raza pura".

Hannah Arendt en su libro "Los orígenes del totalitarismo" afirmó que el imperialismo europeo necesitó inventar el racismo como "la única explicación posible y la única excusa para su comportamiento esclavista criminal". La colonización de gran parte del mundo siempre estuvo acompañada de una intensa propaganda racista.

Desde 1874 se exhibieron públicamente, al igual que a los animales salvajes africanos o asiáticos, a las personas esclavizadas de las colonias. El comerciante de animales salvajes alemán Karl Hagenbeck inició este "zoológico humano" con personas "nubas" del Sudán presentadas en París, Londres y Berlín. Pronto se generalizó esta nueva moda de mostrar a los esclavos "de razas inferiores" y se podían encontrar en todas las grandes ciudades europeas con éxitos de visitas de 200.000 y hasta 300.000 personas. Había malgaches, tuaregs, filipinos y negros de todo África e inuits del polo norte. Estas exhibiciones etnológicas estuvieron de moda entre 1877 y 1912.

3.8.8.- Racismo y esclavismo científicos

A partir del siglo XIX y de la mano de la generalización del colonialismo europeo en todo el mundo, la cultura occidental desarrolló una ideología abiertamente racista y ampliamente aceptada. El racismo europeo recurrió a la ciencia y en especial a la biología para justificar la superioridad de los propios europeos o de algunas de sus etnias (germanos, anglosajones, celtas, etc.) sobre el resto de los seres humanos, así como la necesidad de que fueran gobernados por aquellos. Este modelo de racismo seudocientífico fue repetido por otros países no europeos como:

- Estados Unidos para imponer el dominio anglosajón
- Japón para colonizar Corea, China y otros pueblos
- Australia para impedir la inmigración asiática
- América Latina para "reducir el factor negro", etc.

Los fundamentos científicos o pseudo científicos utilizados fueron:

Primero: Poligenismo que defendía que cada raza humana había tenido un origen diferente y así mostraban la existencia de razas superiores e inferiores

Segundo: la antropometría que jerarquizaba las razas pasándose en el tamaño del cerebro, es decir, midiendo la capacidad craneal, que dividió la humanidad jerárquicamente en seis razas:

- Caucásica moderna
- Caucásica antigua
- Mongólica
- Malaya
- Americana y´
- Negra

Para el francés Georges Vacher entre las razas europeas en el escalón inferior se encontraba "la judía", la única competidora peligrosa de la raza aria en el siglo XIX, pero destinada a ser vencida siempre por ser incapaz, según su criterio racista, de trabajo productivo y estar desprovista de sentido político y espíritu militar.

3.8.9.- Racismo, esclavismo y Colonialismo

El racismo, según Foucault, se convierte en el siglo XIX y XX en un mecanismo esencial del poder del Estado moderno. El racismo asume dos funciones fundamentales:

1.- El poder de base biológica inscribe al racismo como mecanismo de Estado y mediante el mismo se categoriza a las razas y a los grupos humanos y se las califica de manera positiva o superior y negativa o inferior.

2.- El racismo transforma la relación en la guerra cuando la raza inferior ha de ser aniquilada para purificar a la raza principal.

El colonialismo del siglo XIX se basó en el principio de superioridad de la raza blanca sobre las demás, y así se entiende el asesinato y la represión y, en algunos casos, el genocidio.

El racismo fue intensamente utilizado en las últimas décadas del siglo XIX pata justificar y legalizar el dominio colonial, el imperialismo extremo e incluso el genocidio, en varias partes del mundo. Entre ellas merece especial mención el "reparto de África" legalizado en la Conferencia de Berlín de 1884-1885 en la que 12 países europeos, el Imperio Otomano y EEUU se adjudicaron derechos territoriales exclusivos sobre África.

Son ejemplos de ello: Leopoldo II de Bélgica se adjudicó como propiedad privada el Congo e impuso un régimen esclavista y genocida. Francia conquistó Tombuctú en 1893 y destruyó una cultura varias veces centenaria, Dahomey en 1894 y también Madagascar en 1895. Gran Bretaña destruyó el Reino de Benín en 1897 y el empresario y mercenario británico Cecil Rhodes la zona que después se llamaría Rhodesia. Por la Conferencia de Algeciras de 1906 Francia y España consideraron a Marruecos como un protectorado. Los colonizadores alemanes mataron por inanición y envenenamiento de las aguas varias poblaciones de Namibia entre 1904 y 1907.

El racismo ha sido una idea central en el desarrollo de Occidente en los siglos XIX y XX , pero sobre todo apoyando el esclavismo al considerar a los negros como seres inferiores en las colonias de América y, sobre todo, aniquilando a las "clases inferiores" que fueron cazadas como animales salvajes por los que se pagaba una recompensa, en especial en Australia y Estados Unidos, aunque también en Chile y Argentina en la segunda mitad del siglo XIX.

El colonialismo europeo se basó en la superioridad cultural y armamentística de los países occidentales sobre todos los del resto del mundo y después se aprovechó de dicha superioridad para difundir su cultura y sacar el máximo provecho de la fuerza.

La idea de que unas razas eran superiores a otras llevó a la mayor catástrofe que ha conocido el mundo: el nazismo. Todo en el régimen nacionalsocialista de Hitler se basaba en la pureza de sangre y el racismo, y utilizó argumentos pseudocientíficos para justificar su superioridad declarada sobre las demás etnias.

3.8.10.- El antisemitismo

En el año 70 d.C. los emperadores romanos vencieron a los judíos que se habían revelado contra el Imperio y destruyeron su Templo de Jerusalem y la propia ciudad obligando a gran parte del pueblo judío al destierro. Los judíos se aferraron a su fe en un dios único y durante los últimos 20 siglos han sido capaces de montar una organización económica y financiera con una influencia decisiva en países como EEUU en la actualidad.

Esta cerrazón por mantener una religión diferenciada de la cristiana y la musulmana durante tantos años, unida al éxito económico de algunos grupos judíos ha provocado que en muchas circunstancias de los últimos siglos se hayan producido, inducidos en general por sus deudores, progroms o persecuciones de los judíos.

Ya en el siglo III a.C. hubo manifestaciones judeófobas en Alejandría. Durante los primeros siglos del cristianismo y durante casi 20 siglos muchos religiosos acusaron al pueblo judío del asesinato y crucifixión de Jesucristo, convirtiéndolos como pueblo en una especie de "raza maldita", muchas veces solo justificada por la envidia de los nobles empobrecidos y necesitados de pedir ayudas monetarias a los financieros judíos.

Fue en el siglo XIX cuando se consideró a los judíos como una "raza", cuando se fueron convirtiendo en el objeto preferido de las ideologías racistas. El término "antisemitismo" tomó fuerza en el imperio alemán para diferenciar el ideal "ario" del "semita". Para el fin del siglo XIX se convirtió en una doctrina natural y social. En Alemania los judíos constituían la única comunidad "no aria" importante.

Fue el historiador alemán Heinrich von Treitschke quien en 1879 escribió: "Los judíos son nuestra desgracia". Pero también en Francia germinó con fuerza el antisemitismo (caso Dreyfus) y en ambos países se convirtió en la expresión moderna y racista de una hostilidad de muy larga duración hacia el pueblo judío, llamada también antijudaísmo o judeofobia.

El antisemitismo se fue volviendo cada vez más popular y tanto en Francia y Alemania como en Rusia y otros países se siguieron escribiendo líbelos contra los judíos para difamarlos. Los estereotipos que esta propaganda generó aumentaron aún más los prejuicios en contra del pueblo judío. Se fue acrecentando el miedo, el rechazo y la violencia antijudía de carácter racista. En la Alemania nazi el antisemitismo se convirtió en el asesinato de millones de judíos, junto con la de millones de gitanos, criminales, personas no afines al régimen, débiles mentales, etc.

3.9.- Racismo y esclavismo en el siglo XIX

3.9.1.- En el imperio británico

Los grandes impulsores de la abolición fueron los cuáqueros, los cristianos evangélicos, los liberales, algunos ilustrados y enciclopedistas franceses y siempre algunos católicos. Desde mitades del siglo XVIII en Inglaterra los cuáqueros extienden su actividad abolicionista fuera de su comunidad. Thomas Clarkson dedicó toda su vida por la abolición y se le puede considerar como el fundador del moderno movimiento de los derechos humanos y de los métodos para concienciar al gran público con conferencias y exhibiciones.

En el último cuarto del siglo XVIII comienzan a presentarse proyectos sobre la abolición hasta que en 1807 se aprueba por gran mayoría la prohibición del tráfico. En la década de 1830 se efectúa la completa emancipación en todos los territorios del imperio.

3.9.2.- Con los indígenas en Australia

Los ingleses cuando empezaron a considerar a Australia como un país con futuro para sus intereses coloniales la declararon como "terra nullius", es decir, sin habitantes humanos, y así justificaron el despojo de las tierras indígenas y el saqueo del continente. Tras arrebatarles las tierras fértiles, arrojaron a los aborígenes a las zonas áridas del interior donde morían como chinches. En Australia se pasó, según diversos estudios, de una población en 1775 de unas 900.000 personas aborígenes a poco más de 30.000 en el siglo XX, y fue con el "método inglés": no eran seres humanos sino molestos seres vivos sin derecho ni sobre las mismas tierras que ocupaban desde hace miles de años.

Es evidente que la "supremacía inglesa" se ha manifestado con toda su fuerza e intensidad en cuantos lugares ha llegado a dominar, barriendo y limpiando las nuevas tierras de "elementos extraños", como ellos han considerado siempre a los aborígenes de los países dominados.

3.9.3.- Con los indígenas en Centro y Sudamérica

El racismo sirvió también en la segunda mitad del siglo XIX para justificar:

Primero: La Conquista del Desierto (La Pampa) en Argentina, campaña militar realizada entre 1878 y 1885 por la que se ocuparon grandes territorios de los indígenas originarios pampa, ranquel, mapuche y tehuelche. Se justificó por las supuestas matanzas llevadas a cabo por los indios en las zonas fronterizas. Resultó un genocidio que provocó la muerte de gran parte de la población indígena y el traslado forzoso del resto a miles de kilómetros de distancia, muriendo la gran mayoría en condiciones penosas.

Segundo: Ocupación de la Araucaria en Chile: entre 1861 y 1883 el ejército chileno llevó a cabo diversas campañas de guerra y ocupación contra los indígenas, la mayoría mapuches, en el sur del país, enfrentándose a una población de unas 70.000 personas y unos 18.000 guerreros. Pocos quedaron vivos y libres

Tercero: También hubo en México guerras raciales menores como "La guerra de Castas" y La guerra de yaqui" con el mismo resultado por la superioridad armamentística de su ejército.

3.9.4.-Con los negros en Centro y Sudamérica

Haití fue el primer país que se independizó en 1803 en Latinoamérica derrotando al ejército francés. El ejército francés era demasiado necesario en Europa y Napoleón trasladó los pocos soldados que tenía en sus posesiones americanas a Europa y las dejó prácticamente indefensas. El número de esclavos negros era tan numeroso y el de los patrones blancos tan pequeño, que los ingleses incitaron a los negros contra los blancos en Haití, mientras en Europa Napoleón seguía venciéndoles con holgura.

Pero pronto se criminalizó su admirable acción militar (y la lucha contra la esclavitud) y se extendió "el miedo al negro" en el resto de América e incluso sus movimientos políticos en esa línea fueron aplastados como en "la guerra de la Concha" en Ecuador y con el "partido de Color" de Cuba. Haití sufrió uno de los procesos más brutales de aislamiento y de bloqueo en el siglo XIX. Hasta el propio Simón Bolívar rechazó el apoyo que Alexandre Pétion, el padre de la patria en Haití, para luchar por la independencia y terminó apoyando la postura de los esclavistas que lucharon por no perder sus intereses económicos.

Según el antropólogo colombiano José Antonio Figueroa hubo un bloqueo total para que los afrodescendientes no participaran en la construcción de las nuevas repúblicas por miedo a lo que pasó en Haití.

Los movimientos de los negros optaban por una república que reconociese los derechos de la igualdad de todos y por un republicanismo negro continental basado en el concepto de igualdad. El otro concepto de república se fundamentaba en valores aristocráticos de élites, un republicanismo excluyente. Rubén Darío y Alejo Carpentier ayudaron a instalar una idea de racismo dentro de la construcción de las nuevas repúblicas, con la convicción de que no había una igualdad entre los negros y los blancos o los blancos y los mestizos. O sea, el que era negro era diferente e incluso había una condición de "no humanidad". Con el tiempo esa noción se transforma: pasamos de una diferencia biológica a una diferencia cultural.

Debemos considerar que todos los países americanos se convirtieron en repúblicas dirigidas por las antiguas clases criollas, directas sucesoras de los españoles que conquistaron América. Se creó el privilegio blanco, consistente en permitir solo a la clase criolla blanca de la población acceder a terrenos, a una educación y a consolidar las diferencias económicas y políticas dentro de la nación. Son nefastas consecuencias que en el siglo XXI aún sigue sufriendo la población de todo Sudamérica, que mantiene las desigualdades provenientes de una larga tradición colonial, basados en una exclusión y negación del otro. Por ejemplo, en Colombia se creó una tutela sobre la población indígena, pero a la afrocolombiana ni se le otorgó la ciudadanía en pleno derecho, ni se crearon leyes especiales para ella.

Las fechas de la abolición de la esclavitud:

Canadá: La Ley de Abolición de la Esclavitud de 1833.
Centroamérica. Se abolió el 24.04.1824
Chile: En 1811 se estableció la "libertad de vientres" para declarar libres a los hijos de esclavas. En 1823 se abolió la esclavitud de manera definitiva.
Colombia: en 1823 se declaró la total prohibición del comercio de esclavos y el 21.05.1851 se decretó la libertad de todos los esclavos a partir de enero 1852.
Cuba: Era colonia española y se abolió en 1886.
Ecuador: En 1851 se decretó la compra por el Estado de todos los esclavos para liberarlos y esta medida fue ratificada el 18.09.1852 por la Asamblea Constituyente.
Haití abolió la esclavitud en 1803.
México lo aprobó en 1810 pero lo abolió en 1829
Perú en 1841
Uruguay en 1842
Venezuela el 24.03.1854

3.10.- ESCLAVITUD Y RACISMO EN EL SIGLO XX

3.10.1.- La "edad de oro" de la eugenesia

En 1883 el darwinista social británico Francis Galton acuñó el término "eugenesia" o "bien nacer" y a principios del siglo XX empezó una campaña en pro de la eugenesia como política de Estado, considerándola como una forma de mejorar la raza de las naciones.

Con el fin de perfeccionar la evolución de la humanidad, Galton promovió el matrimonio entre jóvenes dotados de cualidades superiores y, al mismo tiempo, también promovió la limitación reproductiva de los enfermos mentales, prostitutas, criminales y ciertos grupos sociales más, mediante la esterilización forzosa, la prohibición de matrimonios interraciales y la regulación de la inmigración, para asegurar la salud genética de las futuras generaciones.

EEUU fue uno de los países donde la eugenesia adquirió mayor relevancia, mediante el control de la inmigración evitando la entrada de personas no deseadas como prostitutas, exconvictos, lunáticos, idiotas, epilépticos y débiles mentales. También se fomentó la esterilización forzada (más de 7500 personas solo en Virginia).

La eugenesia (higiene racial) conoció el período de su apogeo entre el siglo XIX y 1945, cuando quedó desacreditada por los crímenes del nacionalsocialismo. En 1912 se reunió en Londres el Primer Congreso Mundial de Eugenesia y su proyecto era poder controlar la evolución humana.

Pero ya antes de esa fecha en Alemania e Inglaterra se habían puesto en marcha prácticas eugenésicas para la reproducción de personas consideradas "valiosas" mediante la planificación de la elección de pareja y en otros países como EEUU y los Escandinavos se habían decretado prohibiciones de reproducción y esterilizaciones forzosas de los "deficientes" (enfermos crónicos, discapacitados físicos y psíquicos, criminales natos, etc.).

Pronto se consideró la posibilidad de impedir que también grupos, clases sociales y razas enteras se reprodujeran biológicamente. Este es el programa que aplicarían los nazis por medio del programa secreto de exterminio denominado "Aktion T4", disfrazado bajo el término "eutanasia".

Ya en 1920 se empezó a discutir la eliminación deliberada de pacientes considerados "indignos de vivir" en Alemania, con el ánimo de purificar la raza aria. La higiene racial se volvió de suma importancia con los nazis. En 1933 se aprobó una ley que permitía la esterilización forzosa de personas con enfermedades mentales.

En 1935 se aprobaron las leyes de Nuremberg, enfocadas a "ariar" la sangre alemana, redefinir la ciudadanía y evitar el matrimonio entre alemanes y judíos. En 1937 se esterilizó a cientos de niños y más de 20.000 gitanos.

En 1940 fueron eliminados en cámaras de gas más de 70.000 pacientes psiquiátricos.

En 1941 entró en vigor la esterilización masiva de judíos puros o mestizos.

3.10.2.- Racismo nazi y holocausto

La guerra de razas no constituye una categoría que integre necesariamente el concepto biológico, sino que se refiere al proceso de imposición de la identidad del grupo dominante. Y, según el filósofo Michel Foucault, es el momento en el que la cuestión de la integridad de la raza suplanta a la guerra de razas y surge el concepto de racismo. Ejemplo: el nazismo, cuando Hitler hace uso de la raza alemana como grupo biológico dominado y humillado por el Tratado de Versalles, por las potencias aliadas , por los judíos y los eslavos.

La idea central del nazismo fue que la raza perfecta era solo aquella que es capaz de imponerse a todas las demás y que una raza bien preparada debía demostrar su eficacia ante todo en su lucha contra las demás. El exterminio de la raza judía era, según Hitler y los nazis, una lucha de la supervivencia de la raza aria. Los alemanes se consideraban la expresión más pura de la raza aria.

Los nazis iniciaron un exterminio sistemático de judíos, gitanos y otros que llegó a una cifra entre 10 y 12 millones de personas, de las que se calcula que la mitad era judíos (holocausto) y al menos un millón gitanos. La persecución nazi también incluyó comunistas, socialistas, anarquistas, negros, opositores políticos, homosexuales, disidentes religiosos, clérigos protestantes y católicos que rechazaban su ideología violenta y masones.

3.10.3.- El apartheid (segregación) de Sudáfrica

Fue un régimen de segregación racial implantado por colonizadores holandeses boer o afrikáner, como parte de un régimen más amplio de discriminación política, económica, social y racial de la minoría blanca sobre la mayoría negra. Se inició en 1948 y el año siguiente se aprobó la prohibición de matrimonios mixtos y la separación espacial de los habitantes según sus características étnicas.

Las luchas antirracistas fueron severamente reprimidas por el régimen, incluyendo matanzas y detenciones masivas. Entre los líderes negros detenidos se encontraba Nelson Mandela que estuvo preso durante 27 años (1963 a 1990). A partir de la década de los 70 el régimen sudafricano comenzó a ser rechazado por la opinión pública mundial y la mayor parte de la comunidad internacional y su apoyo se limitó a los EEUU, Israel y las dictaduras militares sudamericanas de la época.

Con el aislamiento político y económico, el presidente sudafricano se vio obligado a optar por el cambio político y social y entre 1990 y

1991 se desmanteló el sistema legal del apartheid. En 1994 las elecciones generales escogieron a Nelson Mandela como nuevo presidente.

3.10.4.- Fin del racismo científico y del racismo cultural

Al finalizar la Segunda Guerra Mundial el movimiento eugenésico se fue debilitando y el concepto "raza" fue desplazado por el concepto "población" en las ciencias de la vida. En el mundo político, salvo en Inglaterra y EEUU, el concepto "raza" se volvió casi un tabú.

La Unesco declaró la raza como "la plaga del mundo" que había conducido a la humanidad a la catástrofe y condenó el "dogma de la desigualdad de las razas y de los hombres". Una comisión de la UNESCO propuso en 1950 dejar de utilizar el término "raza" sustituyéndolo por la expresión "grupo étnico". Claude Levi-Strauss en su ensayo "Raza e Historia" publicada en 1952 hizo de la raza un concepto totalmente ilegítimo para definir las diferencias humanas: solo existe una raza, la raza humana, con sus diferencias culturales.

En los sesenta el movimiento de los derechos civiles hizo que el racismo fuera considerado un sentimiento vergonzante que solo era reivindicado por partidos muy extremistas y minoritarios. Hubo países, como Francia en 1972, que consideraron al racismo no como una opinión sino como un delito. En muchos países la palabra racismo solo es utilizada por los grupos supremacistas.

Pero en la actualidad sigue habiendo "microrracismos" (desaires, prácticas, palabras, dichos, chistes), comportamientos cotidianos o mensajes discriminatorios de los que se vale un grupo étnico para ejercer su poder sobre otro, como más adelante analizaremos.

4.- LA ESCLAVITUD Y EL RACISMO EN EL SIGLO XXI

4.1.- TIPOS DE RACISMO EN EL SIGLO XXI

Sin embargo, estos últimos años, de repente, no pasa nada por ser racista sin complejos, por relacionar la delincuencia con la inmigración en contra de todos los datos (como hizo el líder del PP Alberto Núñez Feijoo en julio de 2024), por promover noticias falsas contra inmigrantes en redes sociales que acaban con revueltas en numerosas ciudades (ha ocurrido en el Reino Unido en octubre 2024) o por clasificar a un contrincante político por el color de su piel (como hizo Trump con Kamala Harris). Estas declaraciones marcan un camino cuyo final no conocemos.

En este siglo hay muchas manifestaciones de trato humano que pretenden disimular o justificar posiciones racistas, que incluso, a veces, ni siquiera las reconocemos como tales:

1.-Racismo aversivo: Es un tipo de racismo sutil porque generalmente es empleado por personas que dicen estar abiertamente en contra del racismo y de los comportamientos racistas. En el racismo aversivo se pretende la igualdad de derechos y la libertad para que cada grupo viva su propia cultura abiertamente, pero de forma separada, mediante la distancia, falta de empatía o frialdad hacia personas de otras etnias o grupos, por lo que se asume que esos otros suponen una amenaza cultural.

El rechazo de costumbres, creencias, comportamientos, religiones o lenguas de otros grupos étnicos son actitudes recurrentes en este tipo de racismo, lo que impide avanzar hacia una sociedad verdaderamente equitativa.

2.-Racismo etnocentrista: se cree en la supremacía cultural de un grupo sobre los demás, lo que conduce a ver otras culturas como una amenaza. En este tipo de racismo no hay derecho a la igualdad y se cree que las personas que son de una raza diferente a la propia deben someterse al grupo predominante. Desde finales del siglo XX y en el siglo XXI está presente en Europa una versión sofisticada del racismo clásico, ya que acepta la igualdad biológica de los seres humanos, pero hace referencia a las diferencias culturales para argumentar que es imposible la convivencia, la igualdad y la comprensión mutua. El etnocentrismo enfatiza las diferencias identitarias. Tendencia emocional que hace de la cultura propia el criterio exclusivo para interpretar los comportamientos de otros grupos, razas o sociedades.

3.- Racismo simbólico: Se manifiesta la paradoja de que aboga por el derecho a ser iguales, pero con matices: el derecho a ser iguales existe, pero para ámbitos puntuales o ciertas situaciones. Un ejemplo es la libertad que tiene cada grupo para vivir como quiera, pero en áreas limitadas para dicho grupo. Estas actitudes generan una segregación cultural entre los distintos grupos, lo que, a su vez, produce distanciamiento entre sus miembros. Este tipo de racismo crea barreras invisibles que mantienen la separación y contribuyen a la perpetuación de estereotipos y prejuicios.

4.- Racismo biológico o científico: Es el tipo de racismo menos tolerante. Entiende que una raza es biológicamente superior a los demás, que amenazan con degenerar la raza que es considerada principal. El racismo biológico no cree que los miembros de otras razas deben tener ningún derecho, piensa que deben ser excluidos totalmente incluso apuesta por la segregación física.

5.- Racismo sistémico o estructural: Se caracteriza por políticas y prácticas que existen en una sociedad determinada y que conducen a una continua desventaja para determinados colectivos con un tratamiento injusto y dañino basado en la etnia. Este tipo de racismo se manifiesta de diferentes maneras, por ejemplo:

- Diferenciando valores y conductas como "normales" cuando son los nuestros, es decir, del grupo dominante y "anormales" cuando lo son de la minoría.
- Negación de derechos por el color de la piel para imponer la segregación y la desigualdad en la práctica
- Privilegiar desde el poder en términos de colocación laboral, ascenso o acceso a riqueza.

También podemos clasificar el racismo de la siguiente forma:

A.- Racismo manifiesto: Enunciados y prácticas estrictamente racistas que pueden ser fácilmente reconocidas tanto por quienes las ejercen como por sus víctimas.

B.- Racismo latente: opera sin que necesariamente sea percibido por las personas involucradas. Está arraigado en el inconsciente de forma soterrada pero eficaz en procesos de diferenciación y ejercicios de exclusión de unas poblaciones o individuos que pueden o no aparecer como tales. Este racismo latente es silencioso pero efectivo, pues garantiza el mantenimiento de una estructura creadora de desigualdades e iniquidades que pasa desapercibida, de modo que sitúa a las personas en lugares fijos. Por ejemplo, admitir que los indígenas son pobres y solo saben trabajar en el campo.

Hay un concepto que debemos reconocer como efecto del racismo continuado en una sociedad; el endorracismo (racismo hacia adentro) (autodiscriminación) que existe cuando el sujeto que sufre discriminación o racismo lo admite como natural o propio por pertenecer a una etnia, por ejemplo, al haber interiorizado su inferioridad y aceptado como cierta.

4.2.- LA ESCLAVITUD EN EL SIGLO XXI

4.2.1.- ¿Qué es la esclavitud moderna?

Migraciones, racismo y esclavitud han sido y siguen siendo tres elementos demasiado cercanos y que, casi siempre, se retroalimentan mutuamente. Es la ley de los pobres. Cada vez que aparece uno de estos tres ingredientes, los otros dos se le aproximan como un imán por el uso y abuso que llevan a cabo los poderosos para exprimir un poco más a los más oprimidos y débiles de nuestras sociedades.

Un esclavo es una persona que carece de libertad por estar bajo el dominio de otra. La esclavitud es una sujeción excesiva por la que una persona somete a otra a una obligación o trabajo. La esclavitud no ha desaparecido, pero si mutado adquiriendo muevas facetas. Se da en muchos países y atraviesa líneas culturales, étnicas y religiosas.

La OIT (Organización Internacional del Trabajo) estimó que 28 millones de personas sufrían esclavitud en trabajos forzados y 22 millones en matrimonios forzados a finales del año 2021. Eso supone un aumento de 10 millones en solo 5 años.

4.2.2.- Tipos de esclavitud moderna

A.- Trata de personas

La mayoría de los países del mundo están afectados por la trata de personas, ya se trate de un país de destino, de tránsito o de origen. Las personas que sufren de trata se ven sometidas a múltiples situaciones de dominación, abusos y violencias.

B.- Trabajo forzoso

Es todo trabajo o servicio exigido a un individuo bajo la amenaza de una pena cualquiera y para el cual dicho individuo no se ofrece voluntariamente. La mayoría de los casos se dan en el sector privado y los relacionados con la explotación sexual comercial representan un 23% del total, cuyas víctimas son en su mayoría (casi cuatro de cada cinco) mujeres o niñas. Un 63% del total corresponde a sectores diferentes de la explotación sexual.

C.- Trabajo infantil

Según la UNICEF, representa una de las realidades más desgarradoras y urgentes de nuestro tiempo. Se estima que hay unos 160 millones de niños en todo el mundo que trabajan en situaciones de explotación y abuso, muchos incluso antes de aprender a leer y escribir y varios millones más en situación de riesgo. El trabajo infantil roba a los niños y niñas la posibilidad de desarrollar su infancia con normalidad, les aleja de la escuela y afecta a su dignidad y su futuro.

Esta realidad perpetúa ciclos de pobreza y desigualdad social e incluye reclutamientos de niños por grupos armados, explotación sexual y trabajos en condiciones infrahumanas. Según Unicef, más de la mitad están en la África Subsahariana, más de 26 millones en Asia Central y Meridional, otros 24 millones en Asia Oriental u Sudoriental, más de 10 millones en África del Norte y Asia Occidental, unos 8 millones en América Latina y el Caribe e incluso unos 2 millones en América del Norte y en Europa.

D.- Matrimonios forzados

Según Naciones Unidas el matrimonio infantil y forzado es una violación de los derechos humanos y una práctica nociva que afecta de forma desproporcionada a las mujeres y las niñas en todo el mundo impidiéndoles vivir sus vidas libres de toda forma de violencia. Les priva de su capacidad de decisión sobre las vidas y las hace más vulnerables a la violencia, el abuso y la discriminación. Una media de 14,2 millones de niñas son obligadas cada año a contraer matrimonio forzado y a una edad muy temprana. Eso significa una privación de los derechos humanos fundamentales, tanto en el acceso a la educación como en la posibilidad de planificar su futuro a largo plazo. Más de 650 millones de mujeres vivas hoy en día se casaron cuando era niñas, 28 niñas cada minuto. Las mujeres refugiadas son especialmente vulnerables a los matrimonios forzados y los países donde se registra la mayor tasa de esta forma de esclavitud en el siglo XXI son Chad, Níger, y República Centroafricana, pero también en todos los países musulmanes.

4.2.3.- Soluciones a la esclavitud moderna

Según la OIT, Walk Free y la Organización Internacional para las Migraciones proponen medidas conjuntas para combatir la esclavitud moderna y algunas de ellas son:
- Mejorar y hacer cumplir las leyes e inspecciones de trabajo
- Poner fin al trabajo forzoso impuesto por algunos Estados
- Reforzar las medidas para combatir el trabajo forzoso y la trata de personas en empresas y cadenas de suministro
- Promover la contratación justa y ética
- Ampliar la protección social
- Reforzar las protecciones legales, incluida la elevación de la edad para contraer matrimonio a los 18 años sin excepción
- Mayor apoyo a las mujeres, niñas y personas vulnerables y
- Sobre todo, la educación.

Pero el mayor esfuerzo lo debemos orientar a concienciar al mayor número de personas posible para el conocimiento y reconocimiento de unos hechos que no nos gusta recordar, pero que existen y que entre todos debemos esforzarnos en cambiar.

4.2.4.- Esclavitud en el islamismo del siglo XXI

A.- Grupos islamistas radicales

El Estado Islámico y Boko Haram vinculan estrechamente el yihad contra los infieles con la esclavitud, sobre todo de sus mujeres y niñas, que son entregadas a sus combatientes como recompensa por su lucha por la reconstrucción del califato. Así consiguen aumentar su poder de atracción y reforzar su ideología fundamentalista y totalitaria.

B.-Islamismo y esclavitud

Desde sus inicios estuvieron muy unidos e identificados el uno con el otro ya que el crecimiento del Islam era propiciado por la conquista y la conversión de los vencidos en esclavos, que dejaban de serlo si se hacían musulmanes.

Por la presión europea los países musulmanes fueron aboliendo la esclavitud (desde Túnez en 1846 a Mauritania en 1980), pero no se desarrolló un movimiento abolicionista como en Occidente, sino más bien permisivo y en muchas escuelas y mezquitas se sigue enseñando las leyes que tratan la esclavitud y la doctrina coránica que la justifica.

C.-Siglo XXI

La GIA (Grupo Islámico Armado de Argelia), Boko Aram (Nigeria) Estado Islámico (en Irak y Siria) y Abu Sayyaf en Filipinas en los primeros 20 años del siglo XXI han esclavizado a infieles, sobre todo mujeres. Que en su mayoría fueron obligadas a convertirse y a casarse con los combatientes.

4.3.- SOBRE EL RACISMO ACTUAL POR PAÍSES

En todos los países donde se acogen migrantes nos encontramos con el actual fenómeno social de rechazo generalizado propiciado por la extrema derecha como arma política de captación de votos y seguido demasiado de cerca por los partidos conservadores que hasta hace poco se diferenciaban netamente de ella.

E incluso muchos partidos que apoyaban hasta no hace mucho tiempo la necesidad de acoger a más migrantes y refugiados para cubrir las carencias crecientes en actividades laborales cada vez más amplias, ahora se callan o no levantan sus voces con la necesaria fuerza para responder a las posiciones racistas de los extremistas.

4.3.1.- En España

4.3.1.1.- ¿Racismo en España?

La nacionalización en España se rige por la norma "**ius sanguinis**" (nacionalidad en función del país de origen de los padres, aunque se nazca en España) y no por la norma "**ius solis**" (por la cual, al nacer en un país, éste le considera ciudadano de forma automática, como en EEUU).

Como nos lo expone la española negra Wuinddy Akeju, nacida en Zaragoza de padres nigerianos:

"Todos los negros somos personas racializadas en una sociedad mayoritariamente blanca. Creces siendo la única negra en el instituto, vas por la calle siendo de las pocas negras, siempre hay ciertas discriminaciones que todos los días te van picando, picando, picando, hasta que te llega al tuétano. Frases como: negra de mierda, vuelve a tu país, tienes color caca, te tiran de la trenza, te miran de forma descarada o con cara de asco, etc. El racismo se hace activamente con normalidad en España.

En los colegios y escuelas hacen falta no solo protocolos antirracistas, sino también un cambio en el currículo didáctico para educar activamente en valores antirraciales. Si el racismo crece activamente, el antirracismo también debe crecer activamente. Si no hay medidas institucionales, si no hay acciones detrás o una educación social detrás, no vamos a ninguna parte.

Como una mujer negra, tu palabra no vale lo mismo que la de tus compañeros de clase porque les parece que no podemos ser inteligentes y tenemos que ser excepcionalmente inteligentes para ser aceptados. No podemos ser mediocres. Tenemos que ser super-excepcionales para ser vistos.

Un factor muy importante en el racismo es el colonialismo, porque de allí viene casi todo. El colonialismo inventa el racismo y su primer efecto es la deshumanización. Empiezan a decir que somos vagos, que no trabajamos, que vivimos de las pagas, de las ayudas, del Estado y que incluso les robamos los puestos de trabajo. Este estereotipo es utilizado por formaciones de la derecha y la extrema derecha.

Las personas racializadas somos todas sospechosas hasta que se demuestre lo contrario y el discurso racista actual es más explícito. Siempre ha habido discurso racista, pero ahora no se cortan porque tienen en VOX un respaldo institucional y en algunos medios también".

También Esteban Ibarra en su artículo "La sempiterna lacra del racismo" nos recuerda: "La xenofobia existe. Es una actitud y conducta de rechazo, desprecio y falta de respeto hacia personas extranjeras o percibidas como tales, que sufren hostilidad, odio, segregación, marginación, privación de derechos, discriminación e incluso amenazas y violencia.

El rechazo de la igualdad de trato, empleo, sanidad, educación, vivienda o atención asistencial se constata y evidencia en situaciones

102

discriminatorias de la vida cotidiana. A ello se añade el hostigamiento hacia los inmigrantes que impulsan grupos xenófobos en internet y redes sociales o en las calles, con consignas tipo "stop la invasión" o "nos quitan el trabajo" o acusando a los inmigrantes de delincuentes".

Son palabras que no necesitan comentarios, pero si reflexión, raciocinio, comprensión y decisión para tomar una actitud activa a favor de la igualdad entre todos los seres humanos. Mirar hacia otro lado es lo que acostumbramos a hacer, porque eso nos evita el compromiso y la vergüenza de sentirnos en todo, o al menos en parte, culpables por toda una historia racista de abusos, racismo y esclavismo.

Hablo para todos y sobre todo para mí, porque soy una persona que también ha mirado para otro lado demasiadas veces. Y lo que sucede en España, también sigue sucediendo en todos, absolutamente todos los países de ciudadanía mayoritaria blanca.

¿Ha habido algún político español que nos ha recordado que hay 2.908.649 españoles emigrantes en el mundo, es decir, fuera de España?

No, ninguno.

¿No son estos argumentos suficientes para cambiar nuestra actitud general y nuestra preocupada mirada hacia los inmigrantes? ¿No fuimos recibidos en Europa y América siempre con las manos abiertas? ¿No tenemos todos y cada uno de nosotros algún pariente, cercano o lejano, que emigró?

Una encuesta sobre la inmigración de la Cadena SER publicada en El País en octubre 2024 evidenciaba que la inmigración es una de las principales preocupaciones de los encuestados, ya que el 41% de los encuestados afirmaba tener mucha inquietud por este asunto. Y está sucediendo lo mismo en Inglaterra, Alemania o EEUU.

Las noticias sobre inmigración las recibe por las redes sociales el 52,5% de la generación Z y un 10,3% consume este tipo de información de influencers y youtubers y en estas plataformas, desde que Elon Musk manda en "X", la verificación no se consigue por prestigio, sino pagando y el resultado es que solo se busca alcanzar un gran impacto soltando la mayor burrada que se les ocurre: "celebran crueldades, aplauden delitos, recomiendan tratamientos pseudocientíficos, insultan a las minorías, se ríen de los desfavorecidos, etc." Procederes que, por un lado, recibirán aplausos del nuevo "sector malista" que se considera rebelde por ser malote, pero, por otro, también recibirán reprobaciones de personas indignadas que señalen los abusos.

Ahora mismo, las cuentas con simbolito azul de X se dedican a idear "meadas fuera de tiesto" que puedan indignar al mayor número de personas para poder recolectar la mayor cantidad de dinero mensual. La consecuencia es que muchos jóvenes solo tienen acceso a publicaciones machistas, racistas y cargadas de odio, con una percepción atrofiada de la inmigración, porque solo reciben la información negativa que se vierte en X, en canales racistas de Telegram o de los falsos gurús de TikTok. Y estos jóvenes no tienen acceso a diferentes puntos de vista.

Como muestran los datos aportados la cifra aproximada de inmigrantes africanos en pateras desde 2001 hasta 2023 ascendió a 489.440 personas, es decir, a una media de 21.280 inmigrantes al año, mientras que el total de inmigrantes en esos mismos 23 años fue de unos 13,133.000 personas, lo que supone que solo el 3,73% llegaron por el mar, mientras que casi todos los demás llegaron en avión.

Los inmigrantes perciben ya un aumento de la hostilidad hacia ellos. Se alimenta el miedo al otro, se genera desconfianza entre los pobres y hacia los más pobres y se orienta la política hacia respuestas autoritarias.

En Europa y en España vamos a necesitar mucha inmigración. Lo que tenemos que discutir es la forma de gestionarla, con políticas de integración y de lucha contra la desigualdad social. Hablar menos de identidad y más de derechos humanos, de calidad y dotación de los servicios públicos y de redistribución de la riqueza.

Y evitar la hipocresía más horrenda para conseguir votos, aunque ello perjudique a las empresas que necesitan más mano de obra y sobre todo a los inmigrantes quienes lo único que hacen es "copiar fielmente" los movimientos migratorios que nuestros padres y abuelos se vieron obligados a hacer hace no tantos años.

4.3.1.2.- ¿Racismo en el País Vasco?

Como nos lo expone con claridad Julia Shershneva, doctora de la Universidad del País Vasco y estudiosa de la migración: "El aumento de las denuncias por actos de racismo en Euskadi se debe en gran parte a que la gente conoce mejor sus derechos, no al aumento del odio sino a que se detecta más.

Los microrracismos hacen daño a la convivencia (cambiar de acera, no querer sentarte al lado de alguien, miradas, etc.). Cuando hablamos de integración debemos hablar de interculturalidad, de contacto, de una relación normalizada. Este es el reto. En Francia lo han hecho mal y el problema se ha enquistado y ha habido problemas y conflictos. En Euskadi la inmigración es un fenómeno nuevo y tenemos tiempo para aprender. En Euskadi hay más simpatía con los colectivos que más se parecen y más rechazo con los más diferentes. Al Islam se le sigue viendo como algo desconocido para la sociedad vasca".

En un año han llegado más de 25.000 inmigrantes a Euskadi: más del 50% de Latinoamérica, un 14% del Magreb, otro 20% de Europa. Etc. En el resto de España el porcentaje de extranjeros supera en 4 puntos al de Euzkadi porque es más fácil insertarse en servicios, turismo, hostelería, agricultura, etc.

4.3.1.3.- Datos estimados de la inmigración en España

A.- Datos generales

año							
	1	2	3	4	5	6	7
2000							
2001					394.000	3.817	
2002	980.000				443.000	15.000	
2003	1000.000				429.000	14.000	
2004	1,200.000			13.000	645.000	13.296	
2005	600.000		42.829	11.000	803.000	13.300	
2006	550.000		62.339	8.000	920.000	41.180	
2007	380.000		71.810	12.000	692.000	15.000	
2008	410.000		84.170	14.000	600.000	14.000	
2009	380.000		79.597	13.278	400.000	12.000	
2010	385.000		123.721	10.000	360.000	5.199	
2011	300.000		114.599	10.000	380.000	5.000	
2012	200.000	40.000	115.557	9.800	304.000	8.000	
2013	10.000	30.000	225.793	10.000	280.000	10.000	
2014	50.000	25.000	205.880	9.000	305.000	13.000	
2015	110.000	20.000	114.351	7.000	330.000	16.792	
2016	21.799	17.000	150.944	6.000	410.000	14.558	
2017	200.000	18.000	66.498	5.600	532.000	27.834	
2018	250.000	18.500	90.774	5.300	680.000	64.298	
2019	320.000	20.000	98.954	5.000	750.000	32.449	
2020	400.000	50.000	126.660	3.000	480.000	42.097	
2021	430.000	140.000	144.012	1.569	850.000	41.945	
2022		180.000	181.581	2.200	1258000	31.219	+887.960
2023		210.334	240.208	3096	888.000	35.456	+192.000
total			2,340.270	158.843	13,133	489.440	

Donde:

1.- Inmigrantes indocumentados: número de inmigrantes indocumentados dentro de España.

2.- Residencia por arraigo: número de inmigrantes que obtienen la residencia por llevar el tiempo suficiente en España 3.- Inmigrantes nacionalizados: media de 123.172 inmigrantes anuales

4.- Expulsiones de extranjeros indocumentadas llevadas a cabo por el Gobierno de España

5.- Llegadas totales estimadas de inmigrantes extranjeros: media de 571.000/año desde 2001 a 2023

6.- Llegadas de inmigrantes irregulares llegados de África en patera o a nado o por Melilla y Ceuta: media de 21280 anuales, lo que supone un 3,73% del total.

7.- Saldo migratorio

A fecha de mediados de 2024 se calcula que el número de inmigrantes totales en España sin nacionalidad española puede alcanzar entre 8,5 y 9,5 millones de personas, ya que hay un grupo muy importante de inmigrantes irregulares que ni cotizan ni aparecen en estadística alguna.

Una estimación del año 2022 nos daba estas cifras de inmigrantes no nacionalizados en España, en comparación con el año 2011:

	2011	2.022
De América del Sur	1,426.000	2,735.000
De América Central e islas	207.000	740.000
De América del Norte	55.000	146.000
Total América	1,688.000	3,621.000

UE	2,395.000	1,648.000
Resto Europa	234.000	740.000
Total Europa	2,629.000	2,388.000
África	1,085.000	1,207.000
Asia	343.000	465.000
Oceanía	2.000	11.000
Total general	5,751.000	7,627.000

Los inmigrantes provenientes de centro y sud América se calcula superan en otoño de 2024 los 4,500.000 de personas y la inmensa mayoría llegó en avión como turista y después se quedó, convirtiéndose en irregulares. Una vez transcurridos tres años, normalizan su situación y se les concede la residencia y el derecho legal a trabajar en España.

En los seis años últimos se han creado 1,800.000 empleos, a pesar de que en 2020 se perdieran 213.203 empleos por el covid y casi 600.000 corresponden a inmigrantes, quienes en su conjunto ya suponen el 13% de la población laboral de España, cifrada en 20,800.000 personas.

Los que llegan a Canarias solo suponen el 5,6% del total de inmigrantes irregulares y esta es la ruta más peligrosa, ya que mueren al menos 1 de cada 20. En total no pasan del 11% los que llegan de África.

B.- Regularizaciones extraordinarias de inmigrantes sin permiso de trabajo en España

La primera fue impulsada por Felipe González en 1986. El único requisito fue acreditar una estancia anterior al 24.07.1985.

En la segunda y tercera regularizaciones solo exigieron una residencia, una oferta de trabajo regular y estable y ser familiar o dependiente de los que ya habían sido regularizados. Mas de 150.000 personas obtuvieron sus papeles.

La cuarta, la quinta y la sexta fueron impulsadas por Aznar y en 8 años facilitó los papeles y la residencia a 524,621 inmigrantes no comunitarios. El presidente del Gobierno de España en el año 2000, José María Aznar, invitaba a los marroquíes a estudiar español para buscar trabajo en España y su ministro de Interior Mariano Rajoy hablaba de España como un país de acogida. Aznar ofreció permisos de trabajo y regularizo a 264.153 inmigrantes irregulares en el año 2000 y a 239.174 inmigrantes irregulares en 2001 y a otros 21.294 durante su mandato.

El presidente de Gobierno de España José Luís Rodríguez Zapatero en el año 2005 aumentó aún esa cifra de regularizaciones extraordinarias llegando hasta las 576.605 personas.

En el año 2024 una propuesta similar (una iniciativa legislativa popular) (ILP) admitida a trámite por todos los partidos políticos, excepto Vox, amenaza con morir en el cajón en gran parte por el ruido de las acusaciones políticas derivadas del reparto de los menores migrantes llegados a Canarias.

C.- Expulsiones de irregulares

Zapatero fue quien más inmigrantes irregulares expulsó (74.389), y con las denegaciones de entrada frente a Rajoy (solo 46.965). Pedro Sánchez ha expulsado 13.804 entre 2019 y 2023.

Según los datos estadísticos oficiales se han expulsado a 158.843 inmigrantes extranjeros desde 2001 a 2022, la inmensa mayoría procedentes de África, mientras no existe estadística fiable alguna de iberoamericanos expulsados, con quienes el trato siempre ha sido muy diferente comparándolo con las personas procedentes del Magreb y del África subsahariana.

D.- Situación en abril 2024

Habitantes en España:
-	Nacionales	42,111.000
-	Extranjeros	6,581.029
-	Total	48,692.029

Habitantes en España
-	Nacidos en España	39.773.000
-	Nacidos en el extranjero	8,916.000
	Total	48,689.000

E.- ¿Cuántos inmigrantes necesita España para mantener las pensiones?

Se estima que para 2050 harán falta 6,4 millones de afiliados más si se pretende alcanzar el déficit cero en el sistema de pensiones contributivas. Según un artículo de Ignacio Pérez-Ciordia de Deia del 18 de octubre de 2024, el Banco de España cifra en 24 millones de inmigrantes nuestras necesidades de reemplazo poblacional hasta 2053, se supone que entre propios y foráneos.

F.- Datos de emigración desde España

1.- Emigraciones en masa desde España
- Entre 1880 y 1930: emigraron algo menos que 4,500.000 españoles a América fundamentalmente.
- Entre 1959 y 1973 emigraron unos 2,000.000 españoles a Europa

2.- Emigrantes del campo a la ciudad durante el franquismo
- Más de 7 millones de personas entre 1960 y 1973

3.- Emigrantes españoles en el mundo a 01.01.2024

-	Argentina	482.176 españoles
-	Franci	310.072 "
-	EEUU	206.278 "
-	Reino Unido	189.779 "
-	Alemania	188.250 "
-	México	141.000 "
-	Otros	1,391.094 "
-		
Total		2,908.649 españoles

G.- Actitud positiva del Gobierno Español

Conforme a lo publicado el día 21.10.2024 en El País, el Gobierno de Sánchez está a punto de aprobar por vía de Decreto un nuevo Reglamento de Extranjería que está siendo estudiado por el Ministerio de Migraciones de España y que facilitará trámites a 6,5 millones de inmigrantes que ya viven en España y a otros muchos que planean venir a trabajar. Es una nueva vía transitoria para sacar de la clandestinidad a millones de inmigrantes.

Los principales cambios del nuevo borrador:

Figura actual	Nueva figura	Cambio principal
Arraigo para la formación	Arraigo socioformativo	Permitirá a quienes lo obtengan trabajar hasta 30 horas semanales
Arraigo social	Arraigo social	Se reduce el plazo de tres a dos años de permanencia irregular en España para pedirlo

Arraigo laboral	Arraigo sociolaboral	En cuanto a los contratos de trabajo requeridos, el requisito será presentar uno o varios que garanticen al menos una jornada semanal de 20 horas
Arraigo familiar	Arraigo familiar	Se limita a ser padre, madre o tutor de un menor o que preste apoyo a alguien con discapacidad que sea nacional de otros Estados miembros de la UE. El resto de casos se regularán en el estatuto de familiar de personas con nacionalidad española
	Arraigo de segunda oportunidad	Podrán acogerse las personas que tuvieron una autorización de residencia en el pasado y que por alguna razón no pudieron renovarla.

	Extranjeros con estudios en España	Se les facilitará una autorización de residencia y trabajo, siempre que cuentes con un contrato laboral en un sector que corresponda a sus estudios en España
	Visados para búsqueda de empleo	Figura disponible para hijos y nietos de españoles de origen o para determinadas
		ocupaciones y territorios con vigencia para un año (antes tres meses)
	Solicitantes de asilo	Nueva vía transitoria a los que se les haya denegado la protección y estén irregulares en España: residencia por arraigo con seis meses de permanencia irregular.

Podemos afirmar con orgullo que todavía tenemos un Gobierno en España que, en desacuerdo con la mayoría de los demás gobiernos europeos y del de EEUU, plantea el inmenso problema de la inmigración, de los millones de personas que necesitan emigrar para sobrevivir, como un problema que también es nuestro, de quienes como personas humanas debemos participar, siguiendo el admirable consejo de Confucio: "Haz por los demás lo que quisieras que ellos hicieran por ti".

Simplemente debemos ponernos en el pellejo del otro, debemos pasar al otro lado e intentar comprender que todos somos seres humanos iguales en obligaciones e iguales en derechos. "Iguales en lo diferente, somos uno"

4.3.2.-En Estados Unidos

A.- Nacimiento del país

Los peregrinos del May Flowers, considerados como los fundadores de Estados Unidos, eran refugiados religiosos que huían de la persecución de la monarquía inglesa, es decir, eran exactamente la clase de gente a la que Trump y compañía quieren prohibirles la entrada.

Es más, el retrato tradicional de la primera Acción de Gracias es un momento de tolerancia racial y multiculturalismo: inmigrantes europeos compartiendo un festín con nativos americanos.

B.- Siglo XIX

Noah Gordon en su novela "Chaman" expone: "Los nacidos en ese siglo en Estados Unidos odiaban a los irlandeses, a los chinos, a los italianos y a Dios sabe quién más por haber llegado demasiado tarde a Norteamérica, también odiaban a los franceses y también a los mormones por una cuestión de principios. Y odiaban a los indios por haber llegado demasiado pronto a Norteamérica. ¿A quién demonios querían? Se querían a sí mismos. creyéndose perfectos, por haber tenido la sensatez de haber llegado a Norteamérica en el momento adecuado.

Los protestantes nativos aborrecían y oprimían a católicos e inmigrantes y los católicos e inmigrantes despreciaban y asesinaban a los negros, como si cada grupo viviera de su odio y necesitara el alimento que proporcionaba el tuétano de alguien más débil".

En el siglo XIX en EEUU los partidos políticos alababan a los nacidos allí por ser sus votantes y criticaban a los "sucios e ignorantes inmigrantes alemanes e irlandeses", cuya vida se consideraba una mercancía barata. Es así como se siguen interpretando a ellos mismos los norteamericanos.

C.- Síntomas claros de racismo en EEUU

Joseph Losavio nos lo recuerda en su artículo "Lo que el racismo nos cuesta a todos" publicado en Internet: "El racismo invadió Estados Unidos desde su fundación. El racismo sistémico sigue siendo un lastre para EEUU y sigue muy arraigado en su policía local; los afro - estadounidenses tienen el doble de probabilidades que los blancos de morir a manos de la policía estando desarmados".

Como lo hemos expuesto al hablar de la esclavitud, aunque ésta se había eliminado en 1863, Estados Unidos continuó practicando la segregación racial, es decir, la separación de espacios, servicios y leyes para las personas de acuerdo a su ascendencia.

Fue en 1964 cuando se firmó la Ley de Derechos Civiles en la que se prohibió la aplicación desigual de las leyes y la segregación racial en las escuelas, en el lugar de trabajo e instalaciones públicas. En 1965 se les concedió a los negros el derecho de voto.

El racismo también está muy extendido en el ámbito de la medicina en Estados Unidos: según la Academia Nacional de Ciencias de los EEUU, en 2016 constató que el 29% de los estudiantes blancos estadounidenses de primer año de medicina pensaba que la sangre de los negros coagulaba con mayor rapidez que el de las personas blancas y el 21% creía que los sistemas inmunitarios de los negros eran más fuertes.

Esta confusión suele conllevar una asistencia preventiva inadecuada y un nivel de tratamiento inferior lo que da lugar a peores resultados sanitarios. Este tipo de ideas médicas racistas hace que las mujeres negras tengan una probabilidad un tercio mayor que las blancas de morir de cardiopatía.

También se detecta el racismo en la Administración Federal de la Vivienda (USA) que prohibía hasta hace muy poco tiempo asegurar las hipotecas en los barrios de población negra para comprar la vivienda, una de las vías más comunes de acumulación de riqueza, incrementando la persistente brecha de riqueza entre blancos y negros. Según el Informe de McKinsey de 2019, la riqueza de una familia negra promedio es 10 veces inferior a la riqueza de una familia blanca promedio.

Hoy día, pues, podemos comprobar que la mentalidad racista no ha sido superada en ese país. ¿Es posible que el Homo Sapiens siempre necesite a alguien más débil para justificar su propio malestar interno o su fracaso? La sociedad USA es una sociedad racista y clasista, en la que sólo se respeta a quien más dinero es capaz de ganar. Si eres millonario, nadie te preguntará por tu origen. El señor "DON DINERO" es el único valor de nobleza y consideración social y todos se han acostumbrado a crear clases sociales en función de ello, pero, como ya hemos comprobado, también con el color de la piel.

Desde que el Homo Sapiens se asentó como agricultor, creó un sistema social formado por clases sociales y en USA se sigue manteniendo dicho sistema. Lo único que importa es el enriquecimiento por el medio que sea. El sistema neoliberal está absolutamente desbocado y hay tantas desigualdades que la democracia, como se ha demostrado con la elección de Trump como presidente de la república por segunda vez, está en serio peligro, porque, como ya lo dijo Rousseau, una sociedad democrática debería tener también como valor ineludible la reducción de la desigualdad.

Los barrios de las ciudades americanas han experimentado un proceso progresivo de segregación por motivos de clase social, tendencia que resulta patente tanto en el caso de los negros como en el de los blancos. Por ejemplo, en Memphis los negros ocupan la ciudad y los blancos los suburbios. A veces, los negros se trasladan a un suburbio y entonces los blancos se trasladan a otro un poco más lejano. Memphis crece hacia el este y las razas huyen unas de otras.

Una misma ley de 1.514 de Fernando el Católico de Aragón sobre el trato con los indígenas americanos (autorización de matrimonios interraciales) tiene fecha de 1.967 en Estados Unidos y de 1.985 en Sudáfrica.

Los Estados Unidos, supuesta cuna de la igualdad y la libertad, con una Declaración de Independencia donde pone expresamente "los hombres son creados iguales y dotados por su creador de ciertos derechos inalienables", mantuvo la segregación racial en escuelas, autobuses, lavabos e incluso en los bancos del parque hasta mediados del siglo XX.

D.- Los latinos en EEUU

Es un hecho que en consideración social los latinos apenas están por encima de los negros y que la sociedad de Estados Unidos es una sociedad racista y clasista, en la que sólo se respeta al mejor o a quien más dinero es capaz de ganar.

Según John Nieto Philips: "Los trabajadores inmigrantes en EEUU aportan un conjunto de cualificaciones diferentes a las de los nativos, incluso cuando esos trabajadores tienen similares niveles educativos".

En EEUU ha surgido un movimiento protofascista, como los llamados Proud Boys y entre ellos hay muchos latinos, que promueven un profundo rechazo al migrante. Hay muchos hijos de inmigrantes que habiendo nacido en EEUU desarrollan una política (para conservar su posición) de rechazo a los "espaldas mojadas". Se sienten amenazados por los nuevos. Los latinos sin título universitario tienden a votar a los republicanos y los titulados a los demócratas. Como es de todos sabido, los "conversos" son mucho más peligrosos que quienes siempre han pertenecido a una clase social, religión, país o grupo social y tienden a llevar al extremo las exigencias que a sus padres o a ellos mismos se les requirieron para "dar el salto".

Es bastante habitual, por ejemplo, en Nueva York, que al dirigirte en castellano a una persona con caracteres ciento por ciento latinos que atiende en un comercio o bar, se niegue a hablar en su idioma nativo y te conteste en inglés para demostrar su "americaneidad" o "identidad americana".

Otro fenómeno interesante es que cada vez más población latina se identifica a sí misma como blanca. Quieren ser tratados como blancos, aunque no sean percibidos como tales. Esto también podría inducirles a acercarse a posiciones conservadoras.

E.- Los indígenas (indios) en EEUU

La población nativa de EEUU fue reducida de unos 12 millones en el siglo XVI a menos de 250.000 en 1900. Pero hemos de decir la verdad: no solo fueron diezmados por la violencia y el exterminio provocado por la población blanca inmigrante para apoderarse de sus tierras, también por patógenos "europeos" como la viruela, el sarampión, la gripe, la tosferina, la difteria, el tifus, etc.

En todo caso, desde aproximadamente 1750 a 1900 los indios de EEUU fueron prácticamente exterminados por las continuas oleadas de blancos y la ayuda del ejército. Los intereses económicos y el deseo de grupos no indígenas en explotar los recursos naturales de las tierras nativas (como la fiebre del oro de California en el siglo XIX) generaron el genocidio y casi exterminio de las tribus indias en EEUU.

Nunca hubo en Estados Unidos y en Canadá el menor interés en el mestizaje, como en todos aquellos países colonizados por Gran Bretaña. La mentalidad supremacista de la época colonial pasó de Inglaterra a sus antiguas colonias, EEUU, Canadá y Australia.

Las comunidades nativas americanas fueron trasladadas a reservas lejanas de sus tierras de origen, dispersadas y absolutamente masacradas por "el hombre blanco", considerándose la "caza del indio" en muchos casos casi como un deporte incluso premiado con X dólares por cabellera. En la actualidad se calcula que hay unos 2,500.000 miembros de las antiguas tribus en EEUU (de los que más de un millón sigue viviendo en reservas), rodeados de 330 millones de estadounidenses.

Hay que añadir el genocidio cultural llevado a cabo entre 1869 y 1970 con cientos de miles de niños indígenas que fueron separados de sus padres y comunidades y obligados a permanecer en más de 350 internados y residencias, la mayoría regidas por entidades religiosas y financiadas por el gobierno, con el fin exclusivo de "reeducarles culturalmente", donde se les prohibía hablar en sus lenguas nativas y practicar sus creencias, destruyendo la identidad tribal.

F .- Trump y los inmigrantes

Paul Krugman nos recuerda que los antiguos eslóganes de Trump han consistido en falsas afirmaciones como que estamos experimentando una oleada de crímenes perpetuados por inmigrantes. Ahora los ha permutado, teniendo en cuenta falsas estadísticas, por el siguiente eslogan: los inmigrantes están robando puestos de trabajo estadounidenses y en concreto los de los trabajadores negros.

Lo novedoso es el intento de enfrentar a los negros con los inmigrantes. Dijo Trump: "el 107 % de los puestos creados en los años de presidencia de Biden están ocupados por inmigrantes ilegales". Totalmente falso. Trump añadió: "los inmigrantes están usurpando empleos negros". La realidad es que el paro entre los trabajadores negros está en mínimos históricos y sus ingresos, ajustados con la inflación, son considerablemente más altos de lo que eran hacia el final del mandato de Trump, según Krugman.

Trump también ha declarado que los inmigrantes están envenenando la sangre de EEUU y ha prometido construir enormes campamentos para concentrar a todos los inmigrantes y deportarlos a millones. Trump dice: volver a hacer grande EEUU. Y Paul Krugman le responde: "EEUU no necesita que volvamos a hacerlo grande, porque ya lo es. Pero si quisieran destruir esa grandeza, las dos cosas más importantes que harían sería rechazar su compromiso con la libertad y cerrar las puertas a las personas que buscan una vida mejor. Por desgracia, TRUMP parece decidido a hacer ambas cosas si vuelve a ser presidente".

Según Ken Follet en su novela "El umbral de la eternidad", los blancos de la clase trabajadora de Estados Unidos son mayoritariamente racistas. Pero es evidente que en EEUU puede ser necesario mantener la inmigración a gran escala, aunque no sea más que para engrosar un ejército de trabajadores jóvenes capaces de mantener a los jubilados norteamericanos.

G.- Biden y los inmigrantes

En Junio de 2024 Joe Biden aprobó una orden ejecutiva que permite a las autoridades no procesar las solicitudes de asilo y expulsar a los migrantes cuando se haya sobrepasado un cierto umbral diario. Es un síntoma claro de la evolución mundial hacia el rechazo masivo de los inmigrantes y a su consideración como culpables de los problemas internos de los países.

En el mejor de los supuestos, debemos considerarlo como una medida electoralista defensiva contra la agresividad de Trump en esta materia y para defender a Kamala Harris de la actual percepción social de los peligros de la inmigración.

4.3.3.- En la Unión Europea

Andrea Rizzi nos define así la situación de las migraciones en la UE: "La mayoría de la ciudadanía occidental entiende que hay que proteger a quienes huyen de persecuciones, que no tienen reparos ante los extranjeros como tales, pero sí inquietudes acerca del impacto de la inmigración en el devenir económico y cultural.

La inmigración no es percibida como un problema directo en la vida de la gran mayoría de los occidentales y, desde luego, no es en términos objetivos la causa de la precariedad inducida de pérdidas de empleo ni es el factor primario de la carestía de la vivienda o la infradotación de ciertos servicios públicos".

El geógrafo francés Christophe Guilluy subraya que, a su juicio, la mayor sensibilidad social a la cuestión migratoria en las clases populares no significa en absoluto un mayor grado intrínseco de xenofobia. Cree que responde a una infantilización de las clases populares. Sin embargo, gracias al esfuerzo de popularización del problema migratorio llevado a cabo por los grupos políticos extremistas, Guilluy reconoce que la inmigración se ha erguido en una preocupación colectiva de peso.

Como nos lo expone Alice Schwarzer, también los que llegan a Europa y han caminado miles de kilómetros con sus pies, todavía tienen que caminar otros miles de kilómetros con sus cabezas. Se trata de hombres jóvenes que, comprensiblemente, huyen de las penurias económicas con la esperanza de poder llevar aquí una vida mejor. Proceden de culturas y países donde las mujeres carecen de derechos legales y la violencia contra niños y mujeres es la norma. Como aquí hace 100 años.

Vienen y sienten frustración, lo tienen más difícil de lo que pensaban. Y ven que las mujeres a las que desprecian, que se supone que están por debajo de ellos, se atreven a salir por la noche. Eso no les gusta. Tampoco en sus países. Basta pensar en la plaza Tahrir de El

Cairo, en cómo expulsaron brutalmente a las mujeres. Incluso a las que llevaban velo.

4.3.3.1.- En Francia
Los jóvenes negros o árabes tienen una probabilidad 20 veces superior de tener que someterse a controles de identidad. El 20% de los jóvenes franceses negros y árabes afirman haber sido víctimas de brutalidad por la policía, muy por encima del 8% de los jóvenes blancos.

Los musulmanes tienen una probabilidad hasta cuatro veces inferior de conseguir una entrevista de trabajo que los candidatos vistos como cristianos y, según el Institut Montaigne, suelen tener un 25% menos de respuestas que los solicitantes de empleo con nombres franceses.

El articulista Joseph Losavio nos habla del racismo en Francia con estas palabras: "Francia experimenta un racismo muy arraigado, aunque la mitología nacional del país afirma que es una sociedad no racista. Su violencia y discriminación se dirigen mucho más hacia las minorías raciales que hacia los franceses blancos".

El 22 de septiembre de 2024 apareció en el país una entrevista realizada por Íñigo Domínguez a la autora del ensayo "Seguir siendo bárbaros", la periodista francesa hija de argelinos, nacida en Cannes, Louisa Yousfi.

Voy a intentar plasmar su visión sobre el racismo en Francia: "Francia es especial: sigue queriendo ser la luz del mundo, estar a la vanguardia de la modernidad, de la emancipación de los pueblos. Es un país que cree absolutamente en su inocencia. Sí, torturamos en Argelia o apoyamos esa guerra, pero siempre fue por las razones correctas, cosas que no funcionaron. Así tenemos una Francia que no se atreve a mirarse a sí misma.

Y se puede decir que los musulmanes somos una amenaza para el país, para la civilización. La islamofobia es un racismo respetable para los franceses, quienes se creen con derecho a criticar las religiones, ha habido atentados, etc.

Los bárbaros, los negros y los árabes en Francia, somos los descendientes de la inmigración poscolonial. Hemos sido domesticados, pero no estamos integrados. Hay nudos, conflictos existenciales, políticas en los que estamos atrapados. Hay una ira muy profunda, una Francia a punto de estallar, dividida entre ellos y nosotros. Si y cada vez más.

Tenemos una población que tiende a ser racista, impulsada por una ideología ambiental que se radicaliza. La zona de fricción no es explícita, no es entre blancos y no blancos, pero en todo caso pasa por el islám. La extrema derecha francesa se escandaliza con nuestra actitud: ellos piensan y se dicen: se lo hemos dado todo y no están contentos porque no previeron que no llegaríamos a ser franceses como los demás. Y yo digo: es un éxito que no nos hayamos vuelto franceses como los demás, ya que eso significaría avalar un crimen de civilización y mirar hacia otro lado.

Y los que se supone que nos defienden tienen el paradigma integracionista, que quiere ser amable, benevolente, pero dice: miren, sí, tenemos problemas con esa gente, no son exactamente lo que deberían ser, pero se están convirtiendo en franceses, serán franceses.

La idea de integración es una trampa: por un lado, una ideología racista, para la que somos monstruos que pueden contaminar la civilización, es decir, hay una norma de ser francés, Y cuando más nos deshagamos de todo lo que conforma nuestra identidad original, cuanto menos musulmanes seamos, mejor.

Pertenezco a una generación que creía en la integración, pero he comprendido que nos impusieron conflictos de lealtad hacia nuestros padres y nuestros países de origen. Fue casi una desintegración para nosotros. Significaba perder lo que realmente éramos y lo que era nuestra única manera de existir.

Para existir en la sociedad francesa había que dejar de existir.

Eso creaba un callejón sin salida.

Nosotros, los musulmanes, necesitamos una agenda política específica, una fuerza política que nos represente. Este es uno de los ejes del movimiento antirracista decolonial francés, la autonomía. No solo organizativa, también de pensamiento. Nos damos permiso para repensarlo todo.

¿Qué es el movimiento decolonial o descolonial? La decolonialidad surgió como parte de un movimiento sudamericano que examinaba el papel de la colonización europea de las Américas en el establecimiento de la modernidad/colonialidad eurocéntrica según Aníbal Quijano, quien definió el término y su alcance. La teoría y la práctica decoloniales han sido objeto de crecientes críticas en los últimos tiempos.

La descolonización es el proceso de deshacer las prácticas colonizadoras. En educación esto significa enfrentar y desafiar las prácticas colonizadoras que han influenciado la educación en el pasado y que aún están presentes en la actualidad. Un enfoque decolonial cultiva el reto de la coexistencia de lo múltiple, sin intereses de jerarquización, para hacer patente el carácter indescifrable y variopinto de la condición humana.

¿Cuál es la solución? Es una cuestión política complicada. No se decreta desde arriba, está claro. Pero el movimiento decolonial en Francia intenta abrir un nuevo horizonte, está entrando en la sociedad.

Tenemos algo que decir. No estamos aquí para agradar. Nosotros no solo no necesitamos que nos salven, sino, de hecho, vamos a salvarlos. Somos una fuente de inspiración. Hay algo en nosotros que sigue viviendo, resistiendo. Y eso no forma parte de la narrativa nacional".

Es esta visión diferente, la de la segunda generación de inmigrantes, que puede estar extendiéndose en todo Europa, incluyendo España. Hemos de escucharles y también ellos nos deben escuchar. El diálogo abierto entre unos y otros es el camino que todos hemos de recorrer.

Por ello adquiere tanta importancia la propuesta de mi admirado profesor Amin Maalouf, inmigrante libanés nacionalizado francés y escritor quien propone tres opciones a los gobernantes franceses en su trato con los inmigrantes que llegan al país:

"Primera.- Que todo ser humano inmigrante en Francia pueda convertirse en francés, adoptando nuestra cultura y costumbres. Y el Gobierno y la ciudadanía debe ayudarle a conseguirlo.

Segunda.- Que el inmigrante conserve su cultura y sus costumbres, pero siguiendo como elemento ajeno a la nación que le acoge.

Tercera.- La mejor: decirle con palabras, con comportamientos y con decisiones políticas: "Puedes llegar a ser uno de los nuestros, plenamente, sin dejar de ser tú mismo". Porque lo que necesita un inmigrante ante todo es dignidad social y cultural, animándole a que asuma en paz su identidad dual y su papel de nexo".

Sin embargo, tras el sangriento asesinato del profesor Paty por un fanático musulmán, el gobierno francés consideró necesaria la imposición de una política mucho más enérgica y ha adoptado las siguientes medidas:

1.- Ofrecimiento de una movilidad social mayor para los inmigrantes, con más posibilidades de inserción económica para romper las burbujas.

2.- Expulsión del país de los fanáticos y apologistas del terror

3.- Disolución de todos los grupos que inciten al fanatismo

4.- Monitorización mucho más estricta del dinero saudí para las organizaciones supuestamente deportivas o caritativas, los predicadores enviados a Francia desde el extranjero, la escolarización en casa, para adoctrinar mejor a los hijos y sobre todo a las hijas en las viejas costumbres y la financiación de las mezquitas extremistas

Emmanuel Macron aprobó en diciembre de 2023 una ley migratoria tan dura que recibió los votos de Marine Le Pen (y la censura del Consejo Constitucional en 35 de sus 86 artículos).

Acabo de leer en la prensa (24.09.2024) que el nuevo primer ministro francés ha solicitado a la UE un endurecimiento en el trato a los inmigrantes y refugiados. No hay peor ciego que el que no quiere ver.

4.3.3.2.- En Alemania

A finales de agosto Olaf Scholz anunció nuevas vueltas de tuerca en la política migratoria y decidió activar deportaciones de migrantes convictos a Afganistán. El líder de CDU reclamó nada menos que el cese completo de la concesión de asilo a sirios y afganos, cuando solo hace 10 años Ángela Merkel abrió sus puertas a un millón de refugiados sirios. Es lo que Scholz calificó como "cambio de época".

Como nos lo expone Fernando Vallespín en su artículo "¿Ha ganado ya la extrema derecha?", la causa del éxito de la AfD (Alternativa para Alemania, partido de extrema derecha) es su dura postura contra la inmigración y esta razón gana por goleada sobre todas las demás. Las declaraciones de contenido racista o semi-exculpatorias del pasado nazi emitidas por algunos miembros de la AfD tocan una fibra muy sensible. Lo que parecía ya superado, puede estar reavivándose.

Se asocian las solicitudes de asilo, el atentado de Solingen y una sensación general de inseguridad derivada de la entrada de un gran número de inmigrantes los últimos años. Una amplísima mayoría de ciudadanos considera que hay un exceso de inmigrantes y asilados.

Lo mismo ocurre en todo Europa. En Alemania la coalición gobernante ha buscado erigir un cortafuegos con un mayor control de fronteras (Schengen pende ahora mismo de un hilo) , con devoluciones en caliente de presuntos refugiados al país europeo de entrada y otras medidas. Fue una decisión unilateral de Scholz.

¿Cómo compaginar los principios en los que afirmamos creer con el impulso por apaciguar los miedos que suscita la inmigración? Esta es la gran pregunta a la que estamos obligados a encontrar respuesta. Por ahora, sin embargo, no se piensa, solo se reacciona.

4.3.4.- China

Ya desde antiguo es reconocido que la población uigur y otras minorías musulmanas sufren discriminación y represión sistemática en la región china de Sinkiang. Esta población es sinónimo de conflicto y estigma, de lejanía y retraso. "Cada vez que entras en un edificio (restaurante, centro comercial, cine, hospital o supermercado) siempre es igual: control de seguridad, registro del bolso y presentar el documento de identidad. Las detenciones sin motivación alguna, más que la de ser de una etnia determinada, son normales".

Varios incidentes racistas en China contra inmigrantes africanos ponen en peligro la lucrativa relación comercial y de inversión entre China y África. Se trata de otra negación de discriminación, en el que las autoridades chinas afirman que existe tolerancia cero.

Los chinos, además, tienden a no mezclarse ni integrarse socialmente con los aborígenes de los países a los que emigran y crean organizaciones o grupos de poder para dominar sus economías.

Los chinos:

1.- En Filipinas: son el 1% de la población y controlan el 60% de su economía, compartiendo con una alta burguesía de "sangre española".

2.- En Indonesia: son el 3% y controlan el 70% de su economía.

3.- En Birmania: desde el cambio a una economía no proteccionista, los birmanos de etnia china han tomado el control económico. La hostilidad indígena hacia los birmanos de etnia china es palpable y creciente.

4.- En Vietnam: son el 3% y controlan el 50%.

5.- En Tailandia la gran mayoría de las grandes empresas están controladas por chinos, que son solamente el 10%

6.- En Malaysia los chinos son un 30% y controlan el 70%.

7.- En Singapur los chinos forman el 80% de la población.

A los chinos se les llama los "judíos de oriente" y su primer parecido radica en la "lealtad racial": da igual donde vivan, qué nacionalidad asuman, los chinos siguen siendo en esencia chinos. pero se trata de lealtad de raza, no de amor al país. Además, como los judíos, dividen el mundo en dos partes: los chinos y los bárbaros.

Si un chino se casa con una tailandesa, esta se convierte en china, pero si una china se casa con un tailandés, la china sigue siendo china. Y, por último, los chinos están dispuestos a sufrir todo tipo de privaciones por dinero. Y es así como consiguen acaparar para ellos todo el trabajo disponible y poco dejan para los demás

El analista Zigor Aldama en su artículo de El País (20.10.24) "El sueño americano también es chino" me ha sorprendido al exponer que el año 2023 nada menos que 37.000 ciudadanos chinos fueron detenidos en la frontera sur de EEUU intentando entrar en el país de forma clandestina. Fueron la nacionalidad no americana más numerosa y en el primer trimestre de 2024 su número se ha disparado a 24.214 chinos. A eso hay que sumar el millar largo que cruza cada mes la frontera norte de Canadá y me queda la duda sobre cuántos serán los que lo consiguen y no aparecen en las estadísticas oficiales. Otras entradas de chinos en EEUU se llevan a cabo a través de visados de estudiante y de trabajo.

La ruta china más utilizada es en avión hasta Ecuador (aquí no les exigen visado de entrada), de donde por tierra o cielo pasan a Colombia. Desde aquí pasan por tierra hasta la frontera entre EEUU y México.

La pregunta es: ¿Por qué sucede esto en China si su economía va tan bien como su gobierno afirma? En China, como en todas partes, no es oro todo lo que reluce. La profesora Meredith Oyen dice estar sorprendida por la velocidad de crecimiento de los números de emigrantes chinos y afirma que es el resultado de varios factores:

1.- La ralentización de crecimiento de la economía china

2.- El endurecimiento del control político del gobierno de Xi

3.- La facilidad para acceder a la información por Internet

4.- La ruina de muchos autónomos y pequeños empresarios por la política del "covid cero" que China impuso durante la pandemia.

En la actualidad se estima que hay 10,7 millones de chinos residiendo en el extranjero y que esa cifra llega a los 60 millones si se cuentan sus descendientes nacidos en el extranjero y los nacionalizados en otros países.

4.3.5.- En Países de América

4.3.5.1.- En Brasil

En Brasil el año 1885, por la presión ejercida por la opinión pública y la posición abolicionista europea se promulga una ley que daba la libertad a los esclavos mayores de 60 años. El 13.05.1888 el gobierno abolió la esclavitud.

Brasil es famoso por ser una "democracia racial", ofrece el ejemplo más fascinante de una jerarquía de color muy interiorizada pero reprimida: Una pequeña minoría de piel clara controla el poder económico y político y los puestos más prestigiosos y mejor pagados de las empresas, la política y la universidad están en manos de personas de piel clara.

En la mente de muchos brasileños no se cree que haya racismo en Brasil donde los brasileños con ascendencia africana son el 50%. Sin embargo, los brasileños negros tienen un nivel educativo mucho peor. Por ejemplo, en 2012 menos del 13% de los afrobrasileños mayores de 16 años habían recibido educación postsecundaria, un nivel 15 puntos inferiores al de los blancos.

En 2018 el 75% de las personas muertas a manos de la policía (6.220 personas) fueron negras, a pesar de que solo son el 50% de la población. El ingreso promedio de los trabajadores blancos es un 74% mayor que el de los negros y mulatos. Incluso con el mismo nivel educativo los ingresos de los negros son sólo del 70% de los blancos y entre las mujeres sólo el 41%.

4.3.5.2.- En Canadá

En los 80 Pierre Trudeau convirtió al país en una referencia por los altos estándares de protección a los refugiados y la eficaz integración de los inmigrantes económicos, cuya importancia en el desarrollo de una sociedad próspera e innovadora se reconoció sin ambages.

Hace unos días su hijo Justin anunció una significativa marcha atrás en este sistema con el anuncio de reducir el cupo de permisos de residencia permanente y el de trabajadores temporales.

4.4.- SOBRE EL RACISMO EN EL AÑO 2024

4.4.1.- La extrema derecha racista actual y su contagio

4.4.1.1.- Las Minas del rey Salomón de la extrema derecha

Como nos lo explica Luigi Ferrajoli, el mercado global y libre es obviamente legítimo, pero es un lugar de poder y no de libertad. El poder de los mercados se ha hecho evidente con la globalización. Cuando los mercados han desbordado las fronteras nacionales, los poderes económicos han revelado ser también poderes globales, que se han fortalecido extraordinariamente porque no existe esfera pública a su altura.

Ha sido precisamente la globalización financiera la causante de la brutal crisis financiera y económica de 2008 con unas consecuencias inesperadas y muy dañinas para el bienestar social y económico de la clase media de los países más desarrollados de todo el mundo. Todavía en la actualidad (estoy escribiendo estas líneas en enero de 2025) ignoramos realmente cuáles van a ser las consecuencias reales que el abuso del sistema financiero por personas y entidades sin ética alguna y pensando exclusivamente en el máximo beneficio a corto plazo, ocasionaron.

Muchos millones de ciudadanos de clase media y clase media baja, incluyendo trabajadores de miles de empresas que se quedaron en el paro o con salarios muy inferiores a los habituales porque las empresas trasladaron a los países de Asia sus instalaciones para abaratar sus costes, de repente sintieron que los sistemas político y económico de sus países habían fallado y se habían olvidado de ellos.

Ésta ha sido la primera consecuencia inevitable por el cambio radical de un sistema capitalista liberal a un sistema capitalista neoliberal y sin frontera financiera alguna. Y los partidos políticos, tanto los conservadores como los socialistas, habituales detentadores del poder en los últimos 60 años, se quedaron mudos sin saber responder a la crisis y mucho menos a las demandas y al malestar de sus ciudadanos.

La extrema derecha mundial aprovechó la brutal crisis financiera y económica de 2008 para erigirse como estandarte de la solución, para adoptar su "vocación" de salvador de un mundo en crisis y para intentar convencer, en especial a los desafortunados perdedores de la crisis financiera, de que ella podía ser una alternativa. Las extremas derechas han optado por la figura del "hombre fuerte", que siempre en la historia de la Humanidad ha aparecido para prometer salvaguardar los intereses del pueblo llano y terminar convirtiendo a ese mismo pueblo en un muñeco o pelele ignorante, adepto permanentemente al gregarismo y a perder su libertad por conseguir algo de seguridad.

A ese Hombre Fuerte (llámese Putin, Bolsonaro, Erdogan, Trump, Orbán, Meloni u otro cualquiera) le basta la presentación de soluciones demasiado fáciles a los complejos problemas existentes en cada país para alimentar la ira contra los políticos en el poder y contra su supuesta culpabilidad, acusándolos de haber fallado tan estrepitosamente por no haber previsto ni la crisis ni respondido a sus consecuencias.

Así están consiguiendo los grupos y partidos políticos de extrema derecha apoyos cada vez más amplios, liderando ese creciente malestar de la población contra los políticos y buscando un "culpable causante de sus males", absolutamente diferente de quienes realmente los habían provocado, como fueron las grandes entidades financieras que abusaron de su poder e influencia y generaron la crisis financiera de 2008, junto con las grandes empresas industriales que llevaron sus fábricas a Asia.

Y el ejemplo más evidente lo tenemos en Trump, quien además tuvo (y sigue teniendo) la deshonestidad e indecencia de señalar a los más débiles, a los de fuera, a los inmigrantes en su búsqueda de un enemigo a culpabilizar y combatir. Y toda la extrema derecha mundial comprendió con rapidez que había encontrado "las minas del Rey Salomón" en la culpabilización de los inmigrantes y en su denigración como responsables de todos los males de sus propias sociedades.

Y lo peor parece estar por llegar, porque todas las derechas de todo el mundo parecen estar dispuestas a copiar los planteamientos de la extrema derecha con el único objetivo de evitar la caída de votos a corto plazo. Quienes hace muy pocos años hablaban de cerrar filas contra las posiciones extremistas de ambos lados, ya se han olvidado de ello y han empezado a pactar con ellos para mantenerse en el poder.

No hace falta ir muy lejos para comprobarlo: El PP español con Vox, la derecha francesa con Le Pen, la derecha italiana con Meloni, e incluso se ven movimientos en el Consejo de Europa que nadie sabe cómo terminarán.

Y toda la extrema derecha mundial comprendió con rapidez que había encontrado "las minas del Rey Salomón" en la culpabilización de los inmigrantes y en su denigración como responsables de todos los males de sus propias sociedades.

Guillermo Altares, en su artículo "Orgullosos de ser racistas" nos habla así: "Sin embargo, estos últimos años, de repente, no pasa nada por ser racista sin complejos, por relacionar la delincuencia con la inmigración en contra de todos los datos (como hizo el líder del PP Alberto Núñez Feijoo en julio de 2024), por promover noticias falsas contra inmigrantes en redes sociales que acaban con revueltas en numerosas ciudades (ha ocurrido en el Reino Unido a principios de octubre de 2024) o por clasificar a un contrincante político por el color de su piel (como hizo Trump con Kamala Harris). Estas declaraciones marcan un camino cuyo final no conocemos".

Y como nos comenta Najat el Hachmi en su artículo "No somos terroristas" sobre los inmigrantes musulmanes: "La extrema derecha racista nos toma a todos por terroristas al no ser capaz de distinguir un creyente de un fundamentalista, un palestino de un radical de Hamás.

Niegan nuestra existencia y los matices y la diversidad de un grupo de 1200 millones de personas que tienen por homogéneo. Tiene su lógica que los excluyentes nos vean así porque está en sus fundamentos deshumanizar al que consideran el "otro". Son fanáticos identitarios que necesitan un enemigo exterior para aglutinar a sus propios seguidores en ese odio a otros seres humanos, que en muchas ocasiones no conocen de nada".

4.4.1.2.- El ejemplo de Alemania

La historiadora alemana Christina Morina nos comenta las razones del populismo de AfD en Alemania del Este:

Primero.- La adaptación de la Alemania del Este a la democracia fue bastante traumática, con duros recortes, demasiado rápida y por tanto bastante irreflexiva. Las pensiones no se igualaron hasta mucho más tarde.

Segundo.- De un 10% al 15% de los alemanes son abiertamente autoritarios, nacionalistas, que rechazan la inmigración y con una tradición populista de derechas.

Tercero.- Hay mucha inseguridad, fatiga de transformación y una especial reticencia o escepticismo, incluso rechazo de las instituciones tradicionales de la democracia representativa, incluidos los partidos.

Cuarto.- A todo ello se ha unido la fuerte crisis financiera y sus efectos sobre la sociedad alemana y sobre sus empresas y empleados.

La AfD está consiguiendo unas cotas de poder y de respaldo popular inimaginables hace solamente dos o tres años.

4.4.1.3.- Resultados de la normalización de la extrema derecha en Europa

La normalización de la extrema derecha en toda Europa genera exclusión y en estos momentos el antiguo "antisemitismo" se ha transformado en un rechazo a los inmigrantes y juega el mismo papel promoviendo la desigualdad y redefiniendo los valores centrales de la democracia, es decir, el Estado de Derecho fundamentalmente.

Se pretende aplicar a los inmigrantes leyes diferentes, cuando un valor fundamental de la democracia es que los derechos y obligaciones deben ser los mismos para todos los residentes de un mismo país. Poco a poco se extiende una nueva normalidad que excluye a grupos sociales supuestamente culpables de los problemas sociales.

Uno de los principales éxitos de la extrema derecha ha sido conseguir que se le identifique como "conservador nacionalista" al partido de Meloni.

4.4.1.4.- Sobre los partidos políticos actuales

La dramaturga, activista y estratega tecnopolítica española Simona Levi nos expone su criterio sobre los partidos políticos actuales: "Los grandes problemas de nuestra época se deben a la estructura de los partidos políticos, porque son como empresas privadas que mantenemos entre todos. Tienen que mantener a sus cúpulas y colocar a sus bases. Muchas veces los políticos ni siquiera tienen las competencias para gestionar lo que gestionan. Y somos su moneda de cambio.

En la ideología nos cuesta ponernos de acuerdo, pero no debería ser tan difícil ponerse de acuerdo en lo que hay que hacer. La solución a los problemas puede ser sencilla, es el ámbito político el que la hace complicada. El problema son los partidos con sus discípulos fanáticos y mentores muy ricos que crean tapones. Al final, se trata de gente buscando el poder".

¿Cuánta razón hay en estas palabras?

Coincido con ella prácticamente en todo lo dice, ya que realmente funcionan como empresas privadas (pero con dinero público) y deben mantener una organización tanto mayor cuanto más grandes se hacen y su preocupación más importante deja de ser el servicio al pueblo, para convertirse en buscadores de medios, sean los que sean, para obtener el máximo de votos y ser capaces de responder a sus necesidades financieras.

La gran diferencia, aparte de la propia financiación, entre las empresas y los partidos políticos reside en que las empresas contratan siempre a personas que han demostrado las capacidades necesarias, mientras que los partidos políticos no.

La segunda diferencia reside en que las empresas pasan un control anual y cuando por cualquier causa fallan, se cambia a sus dirigentes por otros mejores o se cierran.

Y la tercera gran diferencia está también en que las empresas no engañan ya que desde el primer día declaran sus intenciones y luchan sin duda alguna por ellas, mientras en los partidos políticos hay muchas preocupaciones e intereses que se cruzan y demasiadas veces parecen no dedicarse en absoluto al servicio para el que se inventaron, es decir, para el bien del pueblo y no el bien y el beneficio de quienes están integrados en los propios partidos.

Considero que debemos añadir a esta reflexión la enorme influencia que ha tenido y sigue teniendo la poca e inútil reacción de la mayoría de los partidos políticos en el poder de las economías occidentales que no han sido capaces de vislumbrar la grave situación económica y social que podían acarrear las crecientes desigualdades de riqueza en la mente de sus ciudadanos, que reclamaban medidas para recuperarse de la brutal crisis de 2008.

Estos mismos políticos parecen seguir preocupándose más de mantenerse en el poder, incluso halagando y pidiendo ayuda a quienes fueron los verdaderos culpables de la crisis, sin atreverse a explicar a sus víctimas lo que realmente sucedió.

¿Han escuchado ustedes alguna confesión de culpabilidad? ¿Algún político de cierto nivel ha acusado a los grandes grupos financieros de haberse sobrepasado en sus funciones o de haber provocado la caída de tal o cual entidad financiera y de todo el sistema económico mundial en 2008? ¿Ha pedido alguno de ellos perdón por haberse equivocado totalmente en la toma de decisiones para acelerar la recuperación, que abocó en un alargamiento innecesario de la crisis?

No.

Lógicamente los espabilados de turno, en este caso, Trump y los grupos de extrema derecha, se preocuparon de ampliar la enorme brecha de desconfianza que se había abierto sobre los políticos y entraron por ella y siguen todavía creciendo ante la falta de respuesta de los políticos profesionales, socialistas y conservadores, más preocupados de ellos mismos que de las necesidades y preocupaciones reales del pueblo.

Incluso estos mismos políticos están cada día más influenciados por el pensamiento de extrema derecha de culpabilizar al débil, al inmigrante, alimentando un nuevo y potente racismo.

4.4.1.5.- Causas de la victoria de Trump

Otra versión que debemos tener en cuenta es la que nos proporciona Nuria Labari: Según ella una buena parte del establishment europeo ha juzgado la victoria de Trump de 2024 como si fuera producto de una mala interpretación de la realidad por los votantes, producto a su vez de una fuerte desinformación y no como la consecuencia de la exclusión social, política y económica sostenida a lo largo de décadas sin ninguna consideración para demasiadas personas.

Una exclusión que es difícil mitigar con argumentos e información, pues se ha convertido en un sentimiento inconsciente. Por eso Trump no ha perdido ni un minuto en hilar un discurso coherente: ni sabe hacerlo ni lo necesita.

Lo que aplauden los votantes es la popularidad de alguien que no se diferencia en nada de ellos. Igual que él, quienes lo celebran carecen de ideales y han dejado de buscarlos. Se sienten habitantes de un planeta que no tienen ningún contacto con el de los jueces, los periodistas, los policías y no digamos los intelectuales o profesionales bien pagados de cualquier rama.

Su mundo emocional es absolutamente básico y reactivo: amor-odio, pasión-miedo y, en general, desbordamiento. Los sentimientos y las pasiones no tienen consistencia ni sustancia, sino que se desbordan, salvo cuando se expresan en lo que sencillamente son violencia. Una especie de inconsciente colectivo que se rebela contra la certeza de que ha sido excluido del mundo, del mismo modo que Trump se siente excluido de las élites políticas, financieras e intelectuales de Estados Unidos. El Joker está diciendo a todos que se jodan.

Y yo me pregunto: ¿Qué votante de Trump no tendría ganas de decir "que le jodan a la política y a los políticos, que le jodan a Wall Street y a las instituciones"?

Y es lo que han hecho.

Como nos lo expone Miguel Jiménez en su artículo "Trump capitaliza el descontento de la clase trabajadora por la inflación y la inmigración", (El País 11.24) los votantes estadounidenses se han olvidado de los logros de su gobierno al haber conseguido en estos últimos cuatro años salir de la pandemia, reducir casi a cero el desempleo y pasar de la recesión a una economía saneada. Solo parecen acordarse del coste de la gasolina y de la compra actual por la elevación del 20% del coste de la vida en los mismos últimos 4 años.

Trump tiene un enorme carisma. Es una estrella, un hombre espectáculo, capaz de decir cualquier barbaridad en sus mítines sin que le pase factura. Pese a ser multimillonario, sigue teniendo un aura antisistema que le favorece en tiempos de descontento.

Ha jugado bien sus cartas:

- Ha extremado sus mensajes sobre la inmigración y la economía, pero ha suavizado sus posiciones sobre el aborto.
- Ha retratado a su rival como una izquierdista radical con las guerras culturales que movilizan a sus votantes.
- Ha prometido bajadas generalizadas de impuestos
- Ha prometido aranceles masivos a las importaciones que los trabajadores ven como protección de sus puestos de trabajo
- Ha apostado por el mensaje xenófobo y su mensaje ha calado
- Ha abrazado las criptomonedas, un activo en el que los jóvenes invierten.
- Ha pintado un panorama apocalíptico de un país en destrucción que tiene poco que ver con la realidad.

¿Qué ha conseguido Trump?

- Ha sido capaz incluso de rentabilizar sus escándalos, imputaciones, juicios y condenas, presentándose como un mártir objetivo de una persecución y reforzando su imagen antisistema.
- Ha conseguido nuevos apoyos de votantes hispanos
- Ha convencido a parte de la clase trabajadora
- Ha tenido especial éxito entre los hombres jóvenes
- Ha conseguido un gran apoyo de los votantes blancos, latinos y negros de rentas bajas y sin estudios superiores.

Y la xenofobia, los bulos, la demagogia y el populismo, con el caldo de cultivo del descontento, le han dado las llaves de la Casa Blanca.

4.4.2.- Sobre la extraña posición de los partidos de izquierdas

La pérdida de su base social es "un todo uno" con la pérdida de identidad política de la izquierda. Todo remite al gran problema de la globalización, que ha conseguido enriquecer a unos pocos y, sobre todo, les ha concedido un enorme poder, al que parecen doblegarse demasiados representantes de partidos de izquierdas que en otros tiempos solo defendían a las clases trabajadoras.

Las izquierdas han desintonizado con sus antiguos votantes, los han olvidado y la respuesta también ha sido la misma, la del olvido y con un sentimiento de rencor o celos.

Hace falta una reflexión profunda en las izquierdas, pero también debemos tener mucho cuidado en evitar los simplismos del "blanco o negro", ya que el mundo de hoy es tremendamente complejo y debemos actuar dentro de esa complejidad sin perder la perspectiva visionaria, que no debe ser otra que "todo para el pueblo y solo para el pueblo", ya que las minorías más enriquecidas y poderosas ya saben cuidarse solas.

Según de Haas, los partidos de izquierdas se suelen presentar más favorables a los recién llegados, pero siempre terminan aplicando las mismas restricciones que sus oponentes conservadoras. Pura hipocresía.

Como nos lo recuerda Najat el Hachmi: "Nos asombra y nos llena de impotencia e indignación que sean sectores progresistas quienes compren el mismo marco simplificador de la extrema derecha. Creen defender a los musulmanes y a los palestinos cuando no son capaces de condenar las actuaciones de HAMÁS y a menudo sofocan las voces de aquellos que están jugándose la vida contra las teocracias contrarias a los derechos fundamentales y las libertades individuales.

Muchos dirigentes políticos europeos de izquierdas tratan con una deferencia exquisita a quienes a todas luces no son más que fascistas en nombre de Dios".

Es la mirada de un musulmán ilustrado que no puede comprender el doble lenguaje utilizado por demasiados políticos supuestamente de izquierdas que agachan la cabeza ante los magnates también musulmanes que les ofrecen negocios económicos muy sabrosos a cambio de su silencio o simplemente por mirar hacia otro lado cuando hace falta.

Luigi Ferrajoli se pregunta: ¿Y por qué la izquierda ha perdido esta guerra? Y se contesta así: "La izquierda cometió el error histórico de la adhesión al modelo soviético, opción equivocada desde el comienzo. Después ha vivido esta adhesión con un sentimiento de culpa y tras la caída del muro ha hecho todo lo posible por relegitimarse, aceptando en buena parte, políticas de la derecha como la precariedad del trabajo, las políticas contra los migrantes, etc. "

Como ya lo he expuesto antes, la pérdida de su base social es todo uno con la pérdida de identidad política de la izquierda. Todo remite al gran problema de la globalización.

4.4.3.- Sobre los partidos de derechas

Según de Haas, los partidos de derechas son más duros en su discurso, pero aplican las mismas restricciones que las izquierdas, es decir, son más duros en las palabras que en los hechos. De Haas cree que las actitudes agresivas extremistas copiadas por los partidos conservadores de los de extrema derecha solo benefician a los promotores originales y acaban facilitando peligrosos discursos deshumanizadores acerca de migrantes y refugiados, dando potencialmente más combustible a la ultraderecha.

Tal como nos lo expone Andrea Rizzi, la causa del giro de los partidos conservadores hacia la extrema derecha es el temor a perder votos ante una ultraderecha pujante. La raíz del problema para la mayoría de los expertos es el malestar socioeconómico de una parte significativa de las clases trabajadoras de los países occidentales, y estas personas perciben (o son inducidos a percibir) a los inmigrantes como competidores o una amenaza. Es más fácil para los partidos políticos convertir a los inmigrantes y solicitantes de asilo en chivos expiatorios, en lugar de argumentar una transformación económica estructural a largo plazo.

Para Christina Morina resulta muy peligroso que otros partidos conservadores empiecen a considerar opciones de colaboración con la extrema derecha. Puede resultar desastroso. Las colaboraciones, como ya se están practicando en España entre el Partido Popular y VOX, requieren la formación de acuerdos y cesiones por ambas partes. Al permitir que los ultras puedan opinar y llegar a acuerdos sobre los fundamentos del país, sobre el sistema jurídico, sobre los medios de comunicación, sobre cuestiones culturales, etc., al darles espacio, se abre la puerta a socavar y abolir la democracia tal y como la conocemos.

4.4.4.- Sobre las desigualdades y su influencia en el racismo

La crisis financiera del año 2008, ocasionada por el uso excesivo de riesgos financieros a corto plazo para conseguir unos beneficios extraordinarios en un mercado excesivamente convulso por una inflación bursátil aparentemente estable, provocó la mayor crisis financiera del siglo XXI. Pero lo peor estaba por llegar: La nefasta gestión del banco mundial y de los bancos centrales nacionales de los países más poderosos del mundo en vez de fomentar una pronta recuperación, alargó una crisis durante casi diez años provocando el cierre de muchos miles de empresas industriales y la pérdida de millones de puestos de trabajo.

Y la que más sufrió fue la llamada hasta entonces "clase media", personas y familias con niveles de ingresos medios de los países industrializados que en gran cantidad se vieron sin trabajo o con graves problemas financieros por tener que asumir ocupaciones de menor nivel.

Crecieron de forma desmesurada enormes desigualdades de riqueza y oportunidades y los largos años de políticas de austeridad impuestas a la gente normal llevaron a un presente en el que políticos sin complejos se han atrevido a aprovecharse de la coyuntura y a prometer soluciones fáciles a una situación que se ha vuelto muy compleja.

Los partidos políticos tradicionales, tanto de derechas como de izquierdas, se vieron desfondados y sin alternativas y aun en 2024 siguen sin despertar. Como ya he comentado, acudieron a políticas financieras de austeridad que no hicieron sino agravar la situación.

El escritor británico de origen japones Kazuo Ishiguro nos lo expone así: "Se ha permitido que crezcan enormes desigualdades de riqueza y oportunidades y los largos años de políticas de austeridad impuestas a la gente normal después del escandaloso crash de 2008, nos han llevado a un presente en el que proliferan las ideologías de extrema derecha y los nacionalismos tribales. El racismo está creciendo otra vez revolviéndose debajo de nuestras calles civilizadas como el despertar de un monstruo enterrado"

El racismo se basa en una idea mítica de lo que es un inmigrante, pero ahora es fruto de la desesperación de la gente que ve que su mundo, sus derechos, su trabajo, su seguridad están siendo dañados, y aunque ello sea fruto no de la inmigración sino del sistema (neoliberalismo), los "hombres fuertes" de la extrema derecha han ejercido una influencia feroz culpando solo a los inmigrantes.

Es lógico reconocer, como lo hace el activista chino Ai Weiwei, que todas las culturas tienen un grado de prejuicio hacia las demás. Mientras estos prejuicios no dañen la dignidad nacional o la de los individuos, no cree que sean un problema y en ello estoy plenamente de acuerdo.

Pero alimentar el odio y la desconfianza contra los inmigrantes no es una actitud que pueda favorecer ningún clima social, sino que incrementan los prejuicios culturales que ya tenemos porque se nos han inculcado desde que nacemos. De esta forma no hacemos sino acrecentar los miedos y los odios contra personas que vienen a nuestras tierras a buscar un trabajo y un futuro que se les niega en las suyas.

¿Tan pronto hemos olvidado que también nuestros padres o abuelos fueron emigrantes?

Hemos de reflexionar y ponernos en la mente y el cuerpo de esos seres humanos cuya única diferencia con nosotros es que tuvieron la "maldita suerte" de nacer en una cultura y en un lugar muy diferente a los nuestros, aunque sus necesidades y aspiraciones de una vida mejor para ellos y sus familias sean exactamente las mismas que las nuestras.

4.4.5.- Sobre internet y los fake news

4.4.5.1.- Internet y la extrema derecha

Uno de los causantes del enorme éxito que está obteniendo la extrema derecha es Internet. Simona Levi nos lo explica así: "Nació como una herramienta de libertad y de comunicación entre personas: es una herramienta maravillosa. Es una pena que nuestras instituciones no estén a la altura y dejen que la red sea ocupada por latifundios privados.

En Internet se ha vuelto a los intermediarios: las multinacionales. La red ha sido copada por los poderes que tienen dinero para invertir en propaganda. Desde la compra de X por Elon Musk esto ha empeorado".

Hay una solución para las fake news: separar libertad de expresión de negocio. Porque esa propaganda que cambia las cosas está siempre relacionada con una inversión. Un informe reciente dice que las 10 cuentas que más desinformación difunden en X han generado 19 millones de dólares en publicidad. Hay un negocio en torno a la desinformación y es necesario e imprescindible regularla.

No se puede legislar lo que es mentira o no, porque se recorta la libertad de expresión, pero si que se puede ver cuánto dinero se invierte y se cobra porque un mensaje se difunda. En este caso hay que demostrar que la información está verificada.

Para cuando las instituciones abrieron los ojos, los latifundios digitales ya estaban allí. Y no solo lo han permitido, sino que incluso lo han facilitado. Antes de las multinacionales había mucho software libre, por ejemplo, en el sector de la educación, ahora cautivo de las herramientas de las corporaciones.

Tampoco tenemos soberanía, trabajamos en nubes que no son muestras, porque la nube como tal no existe, es el ordenador de otras personas. Entregamos nuestras cosas al ordenador de Google y no tenemos control sobre ellas. Necesitamos un código abierto para todas las actividades cotidianas, mantenido públicamente, que pueda competir con los privados.

Si el Estado invierte su dinero en un sistema privado, lo está regalando a las empresas. Pero puede invertir en un esfuerzo comunitario en el que participe todo el mundo. Cualquiera podría acceder al código y mejorarlo. Y las comunicaciones podrían ser de un usuario a otro, sin pasar por los servidores de una gran empresa. Que un e-mail tenga que pasar por un servidor central es un anacronismo.

4.4.5.2.- La IA y la xenofobia

Raúl Limón nos expone en su artículo "Cómo usar la IA": "La xenofobia fundamentada en mentiras y tergiversaciones alimenta los canales ávidos de tráfico, de polémica, de datos y del dinero que conllevan.

Dos investigaciones intentan poner diques contra la avalancha del lodo digital: una del JRC europeo señala que es más eficaz desmentir que prevenir y otra, publicada en SCIENCE defiende que el diálogo con una máquina de IA puede ayudar a combatir la desinformación y la manipulación.

Sin embargo, los bulos y las falsedades que se difunden, con independencia de que haya intención de engañar, están, según el Foro Económico Mundial, entre las mayores amenazas globales, siendo especialmente vulnerables los jóvenes, ya que se advierte que la IA puede ser un arma que potencie la creación y difusión de mentiras".

Hemos de comprender que la Inteligencia Artificial en sí misma es un sistema tecnológico que nos va a permitir mejorar y reducir los tiempos y los costes para alcanzar objetivos e información sensible, es decir, que la IA es un avance formidable para la humanidad.

Otro asunto es que seamos nosotros los humanos quienes la utilicemos o no de la forma más adecuada para conseguir lo mejor de ella. Siempre habrá personas que puedan utilizarla para difundir el denominado "lodo digital", la desinformación, el engaño, la mentira con mucha mayor facilidad y difusión que antes, es decir, incluso difundir la xenofobia, como lo está haciendo en la actualidad tanto Trump como VOX.

4.4.5.3.- Los datos de la IA sobre criminalidad de los inmigrantes

La Inteligencia Artificial también nos permite llevar a cabo estudios con mucha mayor amplitud y con resultados cada vez más objetivos. Así, ante la pregunta sobre si la inmigración hace crecer la criminalidad, respondiendo directamente a una de las más graves acusaciones realizadas por Trump contra los inmigrantes: La IA responde: "No, al contrario". Múltiples estudios han demostrado consistentemente que los inmigrantes tienen menos probabilidades de cometer delitos que los ciudadanos nativos. El "CATO INSTITUDE" de Whasington , que lleva a cabo investigaciones no partidistas, descubrió que tantos los inmigrantes legales (documentados) como los ilegales tienen tasas de encarcelamiento muy inferiores a los de los estadounidenses nativos.

Los datos de criminalidad del FBI indican que las áreas con un mayor número de inmigrantes, a menudo, experimentan una disminución o estabilización en las tasas de criminalidad.

4.4.5.4.- Riesgos principales de la IA

Por las razones ya expuestas de un mal uso de la IA, se pueden generar riesgos que deben ser previstos y combatidos desde los gobiernos, como:

1.- Puede hacer que los usuarios se vuelvan más susceptibles, suspicaces o maliciosos con la desinformación

2.- Puede proporcionar información sesgada o parcial a los usuarios

3.- Puede erosionar la confianza de la sociedad en el conocimiento compartido por grupos extremistas

4.- Puede facilitar campañas de desinformación hiperdirigidas al ofrecer formas novedosas y encubiertas para manipular la opinión pública.

4.4.5.5.- Soluciones posibles

En el ámbito técnico

1.- Limitar las funcionalidades de los asistentes de IA

2.- Desarrollar mecanismos robustos de detección de falsedades, como el recién creado Debunkbot

3.- Promover resultados fundamentados en "pensamiento crítico" y "hechos contrastados".

Y en el ámbito político:

4.- Restringir aplicaciones que vulneren la ética

5.- Implementar mecanismos de transparencia

6.- Desarrollar fórmulas de educación

4.4.6.- Mirando al futuro

4.4.6.1.- Clima de miedo y esperanza

El filósofo y ensayista coreano, afincado en Alemania, Han Byung-Chul nos da su visión sobre el clima social que percibe en buena parte de la sociedad industrializada y que ha sido aprovechado por la extrema derecha:

"El apocalipsis está de moda. Estamos padeciendo una crisis múltiple. Miramos angustiados a un futuro tétrico. La vida se ha reducido a la supervivencia. Existe un clima de miedo que mata todo germen de esperanza. El miedo crea un ambiente depresivo. Los sentimientos de angustia y resentimiento empujan a la gente a adherirse a los populismos de derechas. Atizan el odio. Acarrean la pérdida de solidaridad, de cordialidad, de empatía. El aumento del miedo y del resentimiento provoca el embrutecimiento de toda la sociedad y, en definitiva, acaba siendo una amenaza para la democracia.

El miedo ha sido siempre un excelente instrumento de dominio. Vuelve a las personas dóciles y fáciles de extorsionar. En un clima de angustia las personas no se atreven a expresar libremente su opinión, por miedo a la represión. Los discursos de odio y los linchamientos digitales, que claramente atizan el odio, impiden que las opiniones se expresen libremente.

Hemos perdido el valor de pensar. Y, sin embargo, es el pensamiento, cuando se hace empático, el que nos abre las puertas de lo totalmente distinto. Cuando impera el miedo las diferencias no se atreven a mostrarse. Se impone el conformismo. El miedo nos cierra las puertas a lo distinto.

Donde hay miedo, es imposible la libertad. Miedo y libertad son incompatibles. El miedo puede transformar una sociedad entera en una cárcel. La esperanza va dejando indicadores y señalizadores de caminos.

La esperanza es la única que nos hace ponernos en camino. Nos brinda sentido y orientación, mientras que el miedo imposibilita la marcha.

En la actualidad el miedo a los virus y las guerras y el miedo climático se extienden y también la pandemia del miedo, el miedo al futuro, que limita las acciones abiertas al futuro. Esperanza significa "mirar a lo lejos, mirar al futuro". La esperanza nos abre los ojos al porvenir, nos permite detenernos para escuchar, para acechar, para olfatear, para mirar dónde ponernos y qué dirección tomar. Quien tiene esperanza obra con audacia y no se deja confundir por los rigores y las crudezas de la vida. Al mismo tiempo la esperanza tiene algo de contemplativo. Se estira hacia adelante y aguza al oído.

A diferencia del optimismo, la esperanza supone un movimiento de búsqueda, es un intento de encontrar asidero y rumbo. Quizá sea por eso precisamente que nos lanza hacia lo desconocido, hacia lo no transitado, hacia lo abierto, hacia lo que todavía no es, porque no se queda en lo que ha sido ni en lo que ya es. Pone rumbo hacia lo que aún está por nacer. Sale en busca de lo nuevo, de lo totalmente distinto, de lo que jamás ha existido. El esfuerzo alimenta la esperanza".

¿Qué puedo añadir sobre lo expuesto tan crudamente?

Han Byung-Chul se expresa con libertad y expone con claridad las causas fundamentales de la reacción pro - dictatorial o pro – hombres fuertes de buena parte de la sociedad postindustrial del siglo XXI, que nos recuerda a la situación mental en la que se encontraban las sociedades italiana, española y alemana de los "alegres años veinte del siglo XX".

Los avances continuados en mejora del nivel de vida, en mejora de vivienda y, sobre todo, en mejora de visión de futuro que se mantuvieron desde el fin de la Segunda Guerra Mundial hasta 2008, de repente quebraron y apareció un enorme socavón que estaba ya, desde hace tiempo, bajo nuestros pies, pero nadie quería reconocer. Todos vivíamos por encima de nuestras posibilidades ya que durante los últimos quince o más años nuestras esperanzas e ilusiones de mejora se iban cumpliendo y creíamos que todo iba a seguir así con nuestros hijos y nietos.

El ser humano cambia cuando sus expectativas cambian. Volvemos a repensar las Tres Leyes de la Naturaleza Humana. La Tercera Ley, la de la Insatisfacción Permanente, predomina sobre las otras dos y buscamos culpables de nuestras expectativas fallidas.

Entre los años 2008 y 2015 los representantes gubernamentales de todos los partidos políticos en el poder se miraron al ombligo sin fijarse en lo que estaba sucediendo a su alrededor, sin darse cuenta de que la enorme ola del descontento popular crecía y crecía y tampoco pensaron que ellos mismos estaban alimentando la ola con sus medidas socio – político financieras. En 2019 apareció el Covid-19 y pasamos otros tres años horribles.

Y, como nos lo expone Han Byung-Chul, aparecieron el miedo al futuro y los sentimientos de angustia y resentimiento contagiando un ambiente depresivo, atizando el odio, acarreando la pérdida de solidaridad, de cordialidad, de empatía, embruteciendo toda la sociedad y, en definitiva, todo ello acaba siendo una amenaza para la democracia porque estos sentimientos empujan a la gente a adherirse a los populismos de derechas. Y apareció la extrema derecha contando que la culpa la tenían los políticos y los inmigrantes y se quedó con el premio de los votos descontentos, que eran y siguen siendo muchos.

El filósofo Han Byung-Chul nos ofrece un único camino, el de alimentar la esperanza para combatir la angustia y el resentimiento. Y yo me pregunto: ¿La esperanza en qué o en quién, cuando seguimos viendo a nuestros políticos de 2024 temblar ante las fuerzas de extrema derecha cada vez más potentes? Nos recomienda mirar a lo lejos, mirar al futuro para buscar nuevos rumbos y caminos por donde avanzar.

Como nos lo expone Andrea Rizzi en su artículo "Estamos perdiendo" del 19.10.2024 (El País), vivimos en el mejor mundo de la Historia en cuanto a esperanza de vida, índices de alfabetización, incidencia del hambre y todo lo demás. Pero la pugna política en Europa y en Occidente es crítica. Los partidarios de un inquebrantable respeto de los derechos humanos y de una adhesión al espíritu de la democracia estamos perdiendo. Y los partidarios de la autocracia van ganando bajo el fuerte empuje de las narraciones ultraderechistas".

El problema fundamental que tenemos no es solo el terreno perdido hasta ahora, sino la perspectiva. Ante esta erosión no se vislumbra ninguna señal de auténtica fortaleza política como para contrarrestarla. El camino no es alentador. Pero no cabe resignación. La columna de Rizzi se titula "estamos perdiendo", no "hemos perdido". Toca encajar golpes y seguir trabajando.

Estoy totalmente de acuerdo, pero además debemos empezar a trazar esos nuevos caminos, empezando por enfrentarnos radicalmente al pensamiento supremacista de la división del mundo entre "culpables" y "no culpables", entre autóctonos e inmigrantes, entre hombres y mujeres, entre clases sociales, etc. Cambiar de mentalidad no va a ser fácil ya que nuestro propio instinto, por la Primera Ley de la Naturaleza, nos induce a ser egoístas y a hacer prevalecer siempre los intereses míos y de mi familia sobre todos los demás.

Hay un enorme camino, que ni siquiera está marcado, por recorrer, hay una gran montaña a la que ascender, pero debemos prepararnos y el primer paso es el de reconocer la necesidad de alimentar la esperanza de que podemos empezar a andar, el segundo será trazar unas metas accesibles a corto, medio y largo plazo y el tercero andar por esas rutas nuevas con esperanza y audacia.

4.4.6.2.-La utopía de Ferrajoli

Luigi Ferrajoli nos habla de un futuro imaginario donde los seres humanos se entendiesen y fueran capaces de llegar a acuerdos. "¿Cómo podría llevarse a cabo? Tomando conciencia de que estamos todos en el mismo barco y no queremos ser la última generación que viva en la tierra.

Hacen falta límites y vínculos a los poderes desbocados a los que se debe esta situación, en garantía no solo de los derechos fundamentales, sino también de los bienes fundamentales, los bienes vitales de la naturaleza (el agua, el aire, las grandes masas forestales, los grandes glaciares, aquello de lo que depende nuestra supervivencia).

Todo ello precisa la construcción no solo de un derecho, sino de una garantía objetiva de cómo sería un demanio (bien o derecho de titularidad pública) planetario, con el fin de ponerlos fuera del comercio, que no sean privatizables. Si no, serán destruidos. ¿Y ante qué instancias hay que articular eso? La Asamblea General de la ONU, pero las grandiosas promesas de la Carta de la ONU y de las cartas de derechos han fallado por la ausencia de garantías.

Nos comenta Ferrajoli: "Mi proyecto de la Tierra sirve para señalar una perspectiva. Sus 100 artículos son el diseño estructural e institucional de un ordenamiento fundado esencialmente en las instituciones de garantía. Las instituciones de gobierno deben seguir siendo de ámbito estatal, debido a que son tanto más legítimas cuanto más representativas y la relación de representatividad exige cierta proximidad entre los sujetos implicados en ella. A escala mundial basta con instituciones como el Consejo General y la Asamblea de la ONU, que únicamente deben ser democratizadas.

¿Cómo conseguirlo? Yo estoy convencido de que, si Occidente tomase la iniciativa en este asunto poniendo en marcha un proceso gradual, no sería necesario llegar a una Constitución de la Tierra, bastaría con suscribir una serie de tratados, que, eso sí, deberían estar caracterizados por la rigidez para dotarlos de vigencia efectiva. Por ejemplo:

1.-Un tratado sobre la paz que supusiera la eliminación de las armas, de todas, no solo de las nucleares.

2.- Un tratado sobre el medio ambiente con la institución de un demanio planetario para poner fin a la destrucción de la naturaleza.

Es cuestión de voluntad política. Se trata de asumir la existencia real de una humanidad mestiza, en la que se asegure la salud y la subsistencia de las personas, que puedan desplazarse donde quieran.

4.5.- ¿POR QUÉ Y CÓMO COMBATIR EL RACISMO?

4.5.1.- El ejemplo de Mandela

Empecemos por recordar la frase de Nelson Mandela: "El racismo sólo es ignorancia y el único remedio es la educación". Estoy plenamente de acuerdo con él y nada tengo que añadir, salvo ayudar en cuanto esté en mis manos para incluir esta asignatura fundamental en la educación de nuestros hijos y nietos desde la más tierna infancia.

4.5.2.- Sobre el cerebro humano

Como nos lo expone Adela Cortina en una entrevista del periódico "El Correo": "Nuestro cerebro es xenófobo por naturaleza, pero también es reciprocador: yo te doy y tú me das. Y, desde luego, es mucho más inteligente reciprocar que excluir, a mí me parece un paso adelante en la civilización. Eso es el Estado de derecho, eso es la sociedad contractual. Pero claro, todo esto tiene un inconveniente claro, y es que cuando nos parece que alguien no es capaz de devolvernos nada interesante a cambio, entonces lo excluimos".

En muy pocas palabras nos ha explicado la esencia de las Tres Leyes de la Naturaleza Humana: el ser humano está regido por ellas y tiene tendencias y capacidades. Tanto las tendencias como las capacidades son innatas al ser humano, pero hay una gran diferencia entre ellas: las tendencias no necesitan estímulo alguno para ponerse en marcha, se activan tan pronto como surge la oportunidad de sacar provecho de cualquier circunstancia, mientras que las capacidades si necesitan ese estímulo, necesitan ser aprendidas, enseñadas y animadas a actuar.

Siempre me remito al consejo de Confucio: "Haz por los demás lo que quisieras que ellos hicieran contigo".

4.5.3.- La humanidad es una y universal

La humanidad es una y universal, pero somos nosotros los que hablamos de razas y lo aprovechamos para propiciar la división y la exclusión. Los poderosos de cada época de la humanidad siempre han utilizado el principio: "Divide y vencerás", siempre durante al menos los últimos 12.000 años han influido en el pueblo ignorante para crear e inventar clases y razas entre nosotros con el único objetivo de debilitarnos y de convencernos de que "el otro" es el enemigo ante el que es necesario poner fronteras, que nunca benefician al pueblo, pero sí al poderoso.

Y siguen actuando de la misma forma construyendo murallas cada vez más altas y explicándonos que son para protegernos, cuando lo único que protegen son sus propios intereses.

En nuestra reflexión, incluso antes de empezar a andar, siempre debemos partir de esta idea fundamental: todos los seres humanos somos iguales, todos nacemos con los mismos derechos y deberes, todos debemos respetar la dignidad de cada uno de los demás seres humanos igual que tenemos derecho a que todos y cada uno de ellos respete la nuestra.

En los siglos XIX y XX, hace muy poco tiempo, les tocó a nuestros padres y abuelos emigrar y gracias a ello nuestra sociedad mejoró. Ahora nos toca a nosotros ayudar a quienes vienen a trabajar porque tienen las mismas carencias y necesidades que nuestros abuelos tuvieron.

No afirmo que haya que abrir las fronteras sin ningún tipo de controles, sino que debemos en primer lugar ponernos en el lugar del inmigrante comprendiendo sus razones, en segundo lugar aceptar que son necesarios para el futuro de nuestras sociedades y en tercer lugar aprender a acogerlos y ser indulgentes con quienes arriesgan sus vidas dejando atrás todo lo que quieren (familia, comunidad, estilo de vida, respeto de los demás…) para enfrentarse a un mundo nuevo que demasiadas veces les rechaza.

Como nos lo recuerda el refugiado Ai Weiwei, ningún refugiado ha dejado su hogar por su voluntad. Se llevan a sus hijos a otro lugar sin saber cómo van a acabar, sin conocer el idioma del país al que se dirigen. Es un acto heroico. Poniendo el foco en ellos, nos preguntamos quién crea a esos refugiados: la guerra, el hambre y la pobreza. También debemos influir en nuestros gobernantes en este mismo sentido, votando solo a quienes sean capaces de reconocer como iguales en derechos y deberes a todos, a sus votantes y también a los que buscan en nuestra tierra el futuro para sus familias, como lo hicieron nuestros abuelos en otras épocas.

4.5.4.- Sobre el mestizaje como enriquecedor del paisaje

Soy del criterio de que el mestizaje es el único antídoto que existe contra la xenofobia. Nuestra respuesta ante el racismo, como nos lo dice Esteban Ibarra en su artículo "La sempiterna lacra del racismo", "Debe contemplar la inclusión y la política de integración intercultural como proceso bidireccional basado en el esfuerzo mutuo, que ha de garantizar la igualdad de trato, la humanización de los procesos migratorios y los valores democráticos, junto al respeto y aprecio de la diversidad cultural. Una política que debe construirse desde la garantía de los derechos fundamentales para todos y con la argamasa de una tolerancia solidaria que salvaguarde la dignidad humana".

La palabra "dignidad" debe presidir todas y cada una de nuestras acciones, todos y cada uno de nuestros pensamientos y ello supone un automatismo claro: el de considerar a todos como iguales y, como respuesta a dicha aceptación, considerar el mestizaje como el mejor e incluso único valor inmutable a tener en cuenta en toda relación entre seres humanos.

4.5.5.- Sobre el concepto de "pertenencia"

Carmen Posadas en su artículo "La pertenencia", nos recuerda que: "Somos animales sociales, necesitamos a la familia, al clan, a la tribu, necesitamos la aceptación de nuestro entorno y formar parte de la comunidad". Y añade como ejemplo un castigo africano de muerte en vida que se dictaba en algunas tribus africanas, donde todos dejaban de hablar e incluso de mirar al condenado, como si no existiera, como si fuera transparente.

Para el cerebro el rechazo social es tan importante que literalmente duele: activa la misma matriz neuronal que el dolor, nos comenta el neurocientífico David Eagleman. De ello podemos deducir la inmensa importancia que supone para los inmigrantes su "aceptación como un integrante más en su nueva sociedad", aunque su adaptación nunca será fácil y es por ello que su "necesidad de pertenencia, de mestizaje, de integración" sea aún más necesaria.

El racismo lo que hace es romper, destruir el concepto de "pertenencia", separando al "diferente" en una burbuja, se le condena a "una muerte en vida", como en el ejemplo del castigo africano.

¿No hemos de educar a nuestros hijos y nietos sobre este concepto tan elemental y doloroso para quienes se ven obligados a "desclasarse", a "dejar su mundo y sus costumbres" para sobrevivir, para mejorar su calidad de vida, para refugiarse en otro mundo que no es el suyo pero que le puede aportar protección y futuro?

Es, pues, muy importante para la vida de los extranjeros su aceptación por los ciudadanos del país al que emigraron.

4.6.- MULTICULTURALISMO & MULTIETNICISMO

4.6.1.- ¿Sociedad multicultural?

El concepto "multiculturalismo" apareció en 1971 en Canadá y se definió como el reconocimiento y la promoción del pluralismo cultural. En términos concretos este paradigma se instaura en el seno de los Estados liberales para crear marcos legales que otorgan derechos específicos a grupos cultural o identitariamente diferenciados. De estas leyes suelen derivar políticas públicas de acción afirmativa focalizadas a esos grupos muchas veces minoritarios y vulnerables.

Lo que debemos potenciar es sociedades en las que las culturas sobrevenidas por quienes llegan de fuera puedan integrarse pacíficamente enriqueciendo el haber cultural de la antigua sociedad con el mutuo respeto entre ellas.

Toda sociedad aboca a sintetizar las diversas culturas que en ella influyen. No puede haber una sociedad multicultural, sino una sociedad en las que varias culturas y formas de ver la vida se están influyendo y enriqueciendo mutuamente. Por ello, los inmigrantes musulmanes no pueden exigir que nuestra cultura europea occidental les permita seguir dentro de Europa con sus costumbres sociales ancestrales, cuando sean contrarias a nuestra propia cultura. Su forma de entender la vida y su cultura irán influyendo en la nuestra, pero nunca podemos aceptar que la cambien, sino que, en todo caso, la enriquezcan (y viceversa).

El primer concepto que deben entender quienes se asientan o pretenden asentarse en una nueva sociedad con cultura realmente diferenciada es que las normas sociales vigentes en ella no deben ser modificadas para adaptarse a los nuevos residentes, sino que, en todo caso, deben ser aceptadas por ellos.

Pero ¡Cuidado!

Para que ello sea posible, es imprescindible que toda fe religiosa sea siempre personal y no social, para que sus fieles se puedan integrar en cualquier cultura que en el mundo haya. Debemos separar radicalmente las normas sociales y culturales de las normas religiosas, que en demasiadas ocasiones han servido para generar enfrentamientos y guerras.

De alguna forma, debemos mirar hacia el Imperio Romano y su enorme capacidad de integración de todas las culturas y religiones de los muy diferentes países que fue conquistando y convirtiendo en una única civilización grecoromana.

Y no me canso en repetir que las normas sociales y culturales deben ser absolutamente laicas y las normas religiosas deben ser absolutamente personales. Cada persona debe sentirse libre de pensar y de aplicar las normas religiosas de su propia religión, siempre que no contradigan los principios universales de los derechos humanos. Las normas religiosas nunca deben generar diferencias sociales y culturales, de forma que se haga de esta forma posible la integración de todas las religiones en cualquier país y cultura.

Por ello, las sociedades multiétnicas no deben tener dificultad alguna en el siglo XXI y nuestros hijos y nietos van a vivir, en todo caso, en sociedades multiétnicas y con personas de diferentes religiones.

4.6.2.- Romper con la mirada racista sobre la inmigración

Para combatir la mirada racista contra los inmigrantes, debemos entender que hay unas organizaciones políticas de extrema derecha empeñadas precisamente en la labor contraria solamente porque ello les genera réditos políticos. Hemos de combatir sin piedad los siguientes argumentos xenófobos y racistas:

Asociar inmigración con problema y conflictividad

Vincular inmigración con mafia

Repetir el concepto "efecto llamada"

Hablar de la avalancha de inmigrantes que nos invade

Asociar a todos los musulmanes siempre con términos como: ablación, imanes machistas, yihadismo, conflicto, falta de integración, mezquitas, fundamentalismo, mafias, etc.

4.6.3.- Sobre la xenofobia

El rechazo de la igualdad de trato, empleo, sanidad, educación, vivienda o atención asistencial se constata y evidencia en situaciones discriminatorias de la vida cotidiana. Los grupos xenófobos impulsan en internet y redes sociales o en las calles el hostigamiento hacia los inmigrantes con consignas tipo "stop a la invasión" o "nos quitan el trabajo" o acusándolos de delincuentes.

La xenofobia tiene mucho que ver con la forma en que se construye oficialmente la identidad nacional de un país y la identidad sociocultural de sus ciudadanos. Es decir, cómo los ciudadanos de un país se ven a sí mismos y cómo se distinguen del otro, del extranjero;

162

qué tan similares, diferentes, mejores o peores se perciben frente a las personas nacidas en otros países.

Esta xenofobia muchas veces está fomentada por partidos políticos de extrema derecha, como VOX en España, que pretenden mantener la pureza de la raza blanca, y se vuelve mucho más peligrosa cuando partidos conservadores tradicionales, como el Partido Popular (PP), se contagian de ella con el único objetivo de no perder votos.

Trump, por ejemplo, ha declarado que los inmigrantes como seres inferiores están envenenando la sangre de EEUU y ha prometido construir enormes campamentos para concentrar a todos los inmigrantes y deportarlos a millones.

La xenofobia puede convertirse en un problema social grave que genere discriminación, exclusión y violencia hacia las personas nacidas en otros países. El rechazo puede manifestarse de muchas formas y en diferentes grados, desde los prejuicios expresados en la vida cotidiana hasta limitar el acceso institucional a servicios y derechos, ejercer violencia o llegar al genocidio.

Los discursos xenófobos están siempre relacionados con que los extranjeros llegan a los países a quitar empleo a los nacionales, a utilizar la seguridad social y beneficios que brinda el Estado, así como a poner en riesgo la salud y la seguridad social del país de acogida. Las ideas y discursos sobre quienes somos "nosotros" y quienes "los de fuera" pueden causar mucho daño, porque suelen estar basados en general en estereotipos, prejuicios y estigmas.

4.6.4.- Factores que ocasionan el rechazo de los extranjeros

Conociendo al ser humano, conociendo su historia, conociendo el innato "temor o miedo al diferente" incrustado en nuestra mente desde hace milenios, debemos tener siempre en cuenta que existen factores que influyen constantemente en nosotros, factores a los que debemos considerar como condicionantes que debemos primero aprender y luego enseñar a dominar bajo el concepto universal de que todos los seres humanos, y todos significa todos, somos descendientes de una sola mujer que nació en África hace quizás dos millones de años, y que, por tanto, todos tenemos los mismos derechos y deberes para con nuestros hermanos y primos, ya que todos los somos.

Bajo este principio universal de igualdad en dignidad de todos los seres humanos, hagamos frente a los factores causantes de rechazo del "otro", para que deje de serlo y convertirlo en "nuestro":

1.- La apariencia física y el color de la piel, cuanto más oscura peor, ya que se juntan la xenofobia y el racismo.

2.- La clase social: cuanto más baja peor y si es de países marginados peor. Los nacionales tienden a creer que les pueden reemplazar en su trabajo, les robarán o incursionarán más fácilmente en una vida criminal. El rechazo a los pobres se llama "aporofobia" que significa odio o rechazo hacia los pobres.

3.- La condición migratoria: residentes legalizados o indocumentados. Ello condiciona y modifica el trato que el Estado da a los extranjeros.

Son los factores del pobre, ya que si un/a futbolista negro/a famoso/a y, por tanto, rico/a aparece en un vecindario residencial, nadie se queja, sino que incluso intentará sacarse una foto con él o ella.

4.7.- ACCIONES CONTRA EL RACISMO

4.7.1.- ¿Por qué es importante reducir los prejuicios raciales y el racismo?

Razones:

1.- Impiden a la víctima racializada alcanzar su potencial total como ser humano

2.- Impiden que pueda hacer una contribución completa a la sociedad

3.- Aumentan la probabilidad de venganza presente o futura por parte de la víctima

4.- Contradicen los ideales en los que están fundadas las democracias modernas

5.- El prejuicio racista y el racismo se nutren mutuamente.

4.7.2.- Actividades y estrategias para combatir los prejuicios racistas y el racismo

Solo con un ánimo indicativo, quiero aportar ideas y actitudes que debemos adoptar y que considero mínimas y nunca excluyentes si como personas humanas y como sociedad pretendemos avanzar en el entendimiento y el futuro mestizaje:

1.- Informarnos acerca de la comunidad: grupos que viven, incidentes por prejuicios, origen de las relaciones, etc.

2.- Documentar las actividades en la comunidad que reflejen prejuicios racistas y racismo

3.- Invitar a personas a participar en el proceso de planificación

4.- Entender la profundidad del problema

5.- Identificar y entender las clases de políticas que se puede necesitar afrontar

6.- Determinar las metas a corto y largo plazo

7.- Despertar conciencia ciudadana

8.- Considerar qué recursos existentes se pueden aprovechar (por ejemplo, capacitación anti-racismo, financiación del ayuntamiento, formación desde la infancia, etc,)

9.- Verificar las estrategias para abordar los prejuicios racistas.

4.7.3.- Acciones que se pueden tomar en el lugar de trabajo

Por parte de los empresarios:

1.- Reclutar y contratar personal de diversas etnias

2.- Reclutar activamente integrantes, ejecutivos y gerentes de diversas culturas y etnicidad

3.- Formar un equipo de trabajo permanente o un comité dedicado a formar un plan para promover la inclusión y la lucha contra el racismo.

4.- Combatir cualquier síntoma o hecho racista o de menosprecio

5.- Igualdad de oportunidades para todos

Por parte de los empleados:

1.- Relación abierta y de apoyo para su integración

2.- Igualdad de trato con todos

4.7.4.- Acciones a tomar en los medios de comunicación

1.- Escribir cartas al editor del periódico local y contactar con TV y radio cuando la cobertura sea negativa o cuando no la haya.

2.- Contactar con los medios y organizar charlas o conferencias

3.- Organizar una coalición de diversas comunidades y grupos de prensa para discutir cómo trabajar con visión a largo plazo.

4.- Presionar a los medios para que contraten personal de diferentes etnias.

4.7.5.- Acciones a tomar en las escuelas

1.- Reconocer festividades y eventos relacionados a la variedad de grupos culturales y étnicos

2.- Formas clubs diversos

3.- Realizar viajes a lugares representativos contra el racismo

4.- Incluir educación anti-racismo en el plan de estudios escolar

5.- Crear una estrategia para cambiar cualquier síntoma racista

6.- Desarrollar procedimientos para tratar actos racistas, etc.

7.- En los colegios y escuelas hacen falta no solo protocolos antirracistas, sino también un cambio en el currículo didáctico para educar activamente en valores antirraciales. Si el racismo crece activamente, el antirracismo también debe crecer activamente. Si no hay medidas institucionales, si no hay acciones detrás o una educación social detrás, no vamos a ninguna parte.

4.7.6.- Acciones a tomar en el vecindario

1.- Formar un comité para recibir a todos los nuevos. Mandarles señales positivas.

2.- Identificar y cambiar las políticas excluyentes

3.- Borrar los grafitis racistas y ayudar a eliminar el vandalismo.

4.- Formar coaliciones con representantes de todos los grupos y etnias para examinar las políticas existentes y determinar lo que se necesita cambiar

5.- Realizar foros y eventos acerca del racismo, etc.

5.- GLOSARIO DE TÉRMINOS

1.- Acoso discriminatorio: Cualquier conducta realizada por razón de alguna de las causas de discriminación previstas en la ley, con el objetivo o la consecuencia de atentar contra la dignidad de una persona o grupo en que se integra y de crear un entorno intimidatorio, hostil, degradante, humillante y ofensivo.

2.- Afrofobia: Forma específica de racismo, incluidos cualesquiera actos de violencia o discriminación, que conduce a la exclusión y deshumanización de las personas de ascendencia africana.

3.- Antisemitismo: Hostilidad hacia las personas judías, basada en una combinación de prejuicios de tipo religioso, racial, cultural, comunitario y étnico.

4.- Antigitanismo/romafobia: Es una ideología basada en la superioridad racial, una forma de deshumanización y de racismo institucional alimentado por una discriminación histórica, que se manifiesta por la violencia, el discurso de odio, la explotación y la discriminación. Se trata de una forma de racismo particularmente persistente, violenta, recurrente y banalizada, que ha estado presente en la historia de Europa configurando diversos episodios de persecuciones y genocidio (2ª Guerra mundial)

5.- Apátrida: Persona que no es considerada como nacional por ningún Estado, conforme a su legislación.

6.- Delito de odio: Es el delito motivado por la intolerancia, es decir, por, cualquier infracción penal radicada en prejuicios o animadversión en atención a la condición de la víctima a causa de su conexión, relación, afiliación, apoyo o pertenencia real o supuesta a un grupo que puede estar basado en la raza, origen nacional o étnico, el idioma, el color, la religión, la edad, la minusvalía física o mental, la orientación sexual u otros factores similares.

7.- Derechos humanos: Tal como se describen en la Declaración Universal de Derechos Humanos, son derechos universales e inalienables inherentes a todos los seres humanos , independientemente de la nacionalidad, lugar de residencia, sexo, origen nacional o étnico, color, religión, idioma o cualquier otra condición y están garantizados por la ley en forma de tratados, derecho internacional y principios generales.

8.- Discriminación: Debe entenderse referido a toda distinción, exclusión, restricción o preferencia que se basen en determinados motivos como la raza, el color, el sexo, el idioma, la religión, la opinión política o de otra índole, el origen nacional o social, la posición económica, el nacimiento o cualquier otra condición social, y que tengan por objeto o por resultado anular o menoscabar el reconocimiento, goce o ejercicio, en condiciones de igualdad de los derechos humanos y libertades fundamentales de todas las personas.   Discriminar   es "diferenciar", "distinguir". La discriminación es una práctica que en general consiste en dar un trato desfavorable o de desprecio inmerecido a determinada persona o grupo, limitando o impidiendo su acceso a un derecho o servicio o vulnerando el goce pleno de sus derechos humanos.

9.- Discriminación racial: Esta expresión denota toda distinción, exclusión, restricción o preferencia basados en motivos de raza, color, linaje u origen nacional o étnico que tenga por objeto o resultado anular o menoscabar el reconocimiento, goce o ejercicio, en condiciones de igualdad, de los derechos humanos y libertades fundamentales en las esferas política, económica, social, cultural o en cualquier otra esfera de la vida pública.

10.- Discriminación por motivos de identidad de género u orientación sexual: Es un tipo de discriminación basado en uno de esos conceptos.

11.- Discurso de odio: Abarca todas las formas de expresión que propaguen, incitan, promuevan o justifiquen el odio racial, la xenofobia, el antisemitismo u otras formas de odio basadas en la intolerancia, la discriminación y la hostilidad contra las minorías, los inmigrantes y las personas de origen inmigrante.

12.- Edadismo: Discriminación por edad, que se manifiesta en estereotipos, prejuicio y/o discriminación contra las personas de edad basándose en la edad o en la percepción de que una persona es "mayor".

13.- Estereotipo: Es una creencia generalizada u opinión acerca de un determinado grupo de personas. La principal función de los estereotipos es simplificar la realidad, Se basan generalmente en algún tipo de experiencia personal o en las impresiones que hemos adquirido durante la infancia, durante la temprana socialización con los adultos que nos rodean en el hogar, en la escuela o a través de los medios de comunicación de masas, que luego se generaliza a todas las personas con las que podrían estar relacionadas.

Los estereotipos los podemos definir como un conjunto de ideas simplificadoras, exageradas y generalizadas sobre un grupo determinado: Los británicos son muy puntuales, los afrodescendientes son violentos, los indígenas viven en zonas rurales y tienen poca educación , los judíos son ricos, etc.

Los estereotipos simplifican, homogeneizan y generalizan características de individuos, sociedades, culturas o nacionalidades. Por eso suelen ser peligrosos, pues hacen pasar por verdaderos aspectos muy simplificados o falsos de la realidad. Los estereotipos afectan la información que integramos y recordamos, influyen en el modo en el que interpretamos la nueva información y en cómo la usamos para crear juicios, pues operan en nuestro inconsciente y de ahí influyen en nuestro pensamiento y en nuestras conductas. Por ello, muchas veces no somos conscientes de que miramos a "LOS OTROS" bajo la lente del estereotipo.

14.- Estigmatización: Se refiere al proceso de categorizar o etiquetar a un grupo de personas de manera negativa. El estigma hace referencia a un atributo profundamente deshonroso y desacreditador. El portador de un estigma se convierte en alguien manchado, que puede ser víctima de rechazo, desprecio, miedo e incluso odio.

15.- Exclusión social: En el ámbito de la UE, situación por la cual se impide a una persona (o se la excluye de) contribuir y beneficiarse del progreso económico y social.

16.- Hostilidad: Se refiere a una emoción intensa e irracional de afrenta u oprobio, enemistad y detestación hacia determinada persona o grupo.

17.- Igualdad de trato: Es la ausencia de toda discriminación, tanto directa como indirecta, basada en el origen racial o étnico.

18.- Inclusión social (principio de): Hace alusión a los procesos orientados a superar las desventajas sociales, económicas, personales y culturales y que permiten estar en condiciones de gozar de los derechos sociales y ejercer la participación ciudadana, superando la estigmatización que conlleva la pobreza, la marginación y la exclusión.

19.- Incitación al odio: Engloba cualquier expresión pública que propague, instigue, promueve o justifique el odio, la discriminación o la hostilidad contra algún grupo concreto. Se trata de un acto peligroso que contribuye a promover un clima de intolerancia contra determinados grupos. Los ataques verbales pueden convertirse en agresiones físicas.

20.- Inmigrante en situación irregular: En el ámbito de la UE, nacional de un tercer país que no cumple o ha dejado de cumplir, las condiciones de entrada establecidas en el artículo 5 del Código de fronteras Schengen u otras condiciones para la entrada, estancia o residencia en ese Estado miembro.

21.- Intolerancia: Acto o conjunto de actos o manifestaciones que expresan el irrespeto, rechazo o desprecio de la dignidad , características, convicciones u opiniones de los seres humanos por ser diferentes o contrarias. Puede manifestarse como marginación y exclusión de la participación en cualquier ámbito de la vida pública o privada de grupos en condiciones de vulnerabilidad o como violencia contra ellos.

22.- Integración: Según la OIM, la integración hace referencia a un proceso bidireccional de adaptación mutua entre los migrantes y las sociedades en las que viven, por el cual los migrantes se incorporan a la vida social, económica, cultural y política de la comunidad receptora.

23.- Intolerancia religiosa: Acciones o comportamientos de rechazo hacia creencias o prácticas religiosas, favoreciendo el credo de la cultura mayoritaria u oficialmente aceptado.

24.- Islamofobia: Este término hace referencia al prejuicio, temor u hostilidad hacia el islam o las personas musulmanas. Según la Organización para la Cooperación islámica, la islamofobia es una combinación de odio, miedo y prejuicios contra el islam, contra los musulmanes, así como contra todo lo relacionado con la religión, como las mezquitas, los centros islámicos, el sagrado Corán, el hiyab, etc.

      También constituye el odio, estigmatización, racismo y discriminación en la vida cotidiana, en los medios de comunicación, en el lugar de trabajo, en la esfera política, etc. Se asienta en la mente y se refleja en las actitudes.

25.- Persona vulnerable: Menores, menores no acompañados, personas con discapacidad, personas de edad avanzada, mujeres embarazadas, familias monoparentales con hijos menores y personas que hayan padecido torturas, violaciones u otras formas graves de violencia psicológica, física o sexual.

26.- Prejuicio: El prejuicio se refiere a actitudes preconcebidas hacia un grupo o sus miembros, no probadas y por tanto no justificadas por pruebas. Aunque existen prejuicios tanto positivos como negativos, el término prejuicio tiene una connotación generalmente negativa, ya que los prejuicios causan daño y perjuicio. Muy a menudo están estrechamente relacionados con el sentimiento de pertenencia (o no) a un grupo y con el papel que se supone que los individuos deben desempeñar en él, alterando así la capacidad de autoidentificación del grupo objetivo. Se asocian a emociones como la antipatía, la desconfianza, el miedo e incluso el odio. No permiten ver a los demás como individuos, ni reconocer la diversidad entre los miembros de un grupo estereotipado. Los prejuicios se refieren a un "juicio previo", a una percepción, a una valoración, a una opinión o a una creencia que condiciona una actitud afectiva adquirida y basada en una información deficiente (estereotipos).

El prejuicio se manifiesta en forma de simpatía o antipatía frente a individuos, grupos, ideas, pautas, instituciones o nacionalidades. Es una percepción que puede ser positiva o negativa, de grupos humanos culturalmente diferenciados a "NOSOTROS". Los sentimientos que general los estereotipos influyen en formas de pensar y, por supuesto, en las conductas. Los prejuicios expresan sentimientos que pueden ir desde la simpatía y el agrado, hasta el rechazo, el miedo y el odio. Por ello, el prejuicio guiado por un estereotipo negativo tiene muchas posibilidades de desembocar en actos de discriminación y violencia.

27.- Protección subsidiaria: Protección otorgada a un nacional de un tercer país o apátrida que no reúne los requisitos para ser refugiado, pero respecto del cual se den motivos fundados para creer que si regresase a su país de origeno, en el caso de un apátrida, al país de su anterior residencia habitual, se enfrentaría a un riesgo real de sufrir alguno de los daños graves definidos en el artículo 15 de la Directiva 2004/83/CE

28.- Protección temporal: Procedimiento de carácter excepcional por el que, en caso de afluencia masiva o inminencia de afluencia masiva de personas desplazadas procedentes de terceros países que no puedan volver a entrar en su país de origen, se garantiza a las mismas protección inmediata y de carácter temporal, en especial si el sistema de asilo también corre el riesgo de no poder gestionar este flujo de personas sin efectos contrarios a su buen funcionamiento, al interés de las personas afectadas y al de las otras personas que soliciten protección.

29.- Racismo: La Comisión Europea contra el Racismo y la Intolerancia (ECRI) del Consejo de Europa, lo define como la creencia de que, por motivo de la "raza", el color, el idioma, la religión, la nacionalidad o el origen nacional o étnico, justifican el desprecio a una persona o grupo de personas o la superioridad de una persona o grupo de personas.

30.- Racismo estructural: Es una forma de racismo profundamente arraigado en la historia de nuestras sociedades, entrelazando con sus raíces y normas culturales, porque el comportamiento racista y discriminatorio arraigado en las instituciones sociales, financieras y políticas, repercutiendo en todos los niveles de poder. Puede ser inconsciente y a menudo se percibe que no refleja los intereses de las personas afectadas por el racismo.

31.- Refugio/refugiado: Según la Convención de Ginebra persona que debido a fundados temores de ser perseguida por motivos de raza, religión, nacionalidad, pertenencia a determinado grupo social u opinión política, se encuentre fuera de su país de nacionalidad y no pueda o, a causa de dichos temores, no quiera acogerse a la protección de tal país; o que, careciendo de nacionalidad y hallándose, a consecuencia de tales acontecimientos fuera del país donde antes tuviera su residencia habitual, no pueda o, a causa de dichos temores, no quiera regresar a él.

32.- Supremacismo: Actitud, conducta, ideología, cosmovisión que suponga la superioridad de un colectivo humano frente a los demás por razones étnicas, biológicas, culturales, religiosas o de origen. Es una expresión de racismo. Resulta especialmente preocupante el supremacismo blanco, el cual comparte una ideología de odio sobre la creencia de que los cambios demográficos en Europa y EEUU, como consecuencia del incremento de la inmigración no blanca, están diluyendo su cultura y destruyendo sus países, y de donde se derivan las "teorías del remplazo" o el "genocidio blanco".

33.- Tolerancia: La tolerancia implica el respeto, la aceptación y el aprecio de la rica diversidad de culturas de nuestro mundo, de nuestras formas de expresión y medios de ser humanos. La tolerancia es una actitud activa de reconocimiento de los derechos humanos universales y las libertades fundamentales de los demás. No solo es un deber moral, si no, además, una exigencia política y jurídica que han de practicar los individuos, los grupos y los Estados.´

34.- Xenofobia: Es el conjunto de actitudes, prejuicios y comportamientos que entrañan el rechazo, la exclusión y, a menudo, la denigración de personas por ser percibidas como extranjeras o ajenas a la comunidad, a la sociedad o a la identidad nacional. La xenofobia comporta hostilidad, rechazo u odio hacia personas extranjeras o percibidas como tales. La palabra "xenofobia" (xenos significa extranjero y phobos miedo, pavor o terror en griego) es el miedo, pavor o terror al extranjero, lo que muy frecuentemente conduce al rechazo y aún al odio.

En Gernika, a 24 de enero de 2025

© 2025 José Antonio Torrealday Llona
Editorial: BoD · Books on Demand, Calle de Manzanares, 4,
28005 Madrid, bod@bod.com.es
Impresión: Libri Plureos GmbH, Friedensallee 273,
22763 Hamburg (Alemania)
ISBN: 978-84-1092-004-0

FSC
www.fsc.org
MIXTO
Papel procedente de
fuentes responsables
Paper from
responsible sources
FSC® C105338